# 胜任

## 管理者修炼笔记

黄剑龙◎著

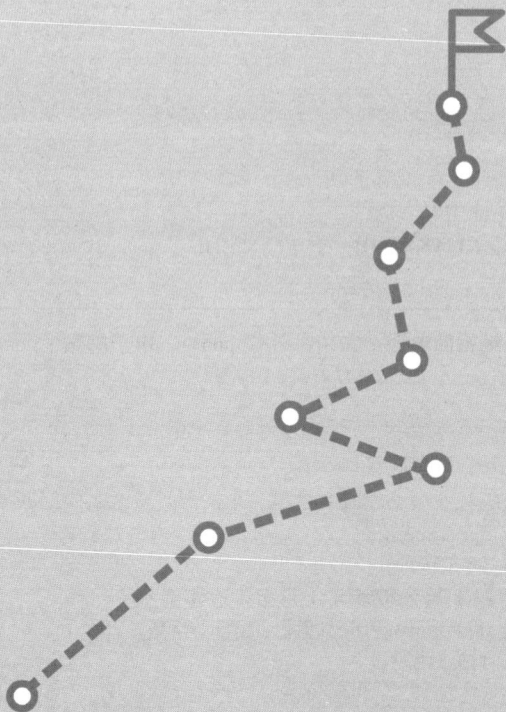

中国铁道出版社有限公司
CHINA RAILWAY PUBLISHING HOUSE CO., LTD.

**图书在版编目（CIP）数据**

胜任：管理者修炼笔记 / 黄剑龙著 . -- 北京：中国
铁道出版社有限公司，2025. 1. -- ISBN 978-7-113-
31823-9

Ⅰ. C93-49

中国国家版本馆 CIP 数据核字第 2024XW6571 号

书　　名：胜任——管理者修炼笔记
　　　　　SHENGREN: GUANLIZHE XIULIAN BIJI
作　　者：黄剑龙

责任编辑：荆然子　　编辑部电话：(010) 51873064　　电子邮箱：jingzhizhi@126.com
封面设计：宿　萌
责任校对：苗　丹
责任印制：赵星辰

出版发行：中国铁道出版社有限公司（100054, 北京市西城区右安门西街 8 号）
网　　址：https://www.tdpress.com
印　　刷：河北燕山印务有限公司
版　　次：2025 年 1 月第 1 版　　2025 年 1 月第 1 次印刷
开　　本：710 mm×1 000 mm 1/16　印张：15.5　字数：206 千
书　　号：ISBN 978-7-113-31823-9
定　　价：68.00 元

# 序一

## 胜任之旅：新晋管理者的实战导航

在这个各种事物都快速变化的时代，每一个职场人都在不断地挑战自我，探求成长的边界。当"新手村"的勇士们跨越门槛，戴上管理者的徽章，一场全新的冒险便悄然开启。

正是这份对未知的探索与渴望，让这本《胜任——管理者修炼笔记》如同一盏明灯，照亮了新晋管理者前行的道路。

在职业生涯中，晋升为管理者往往是一个重要的转折点。它不仅是职位上的晋升，更是角色、心态与能力的全面升级。然而，对于即将面对的管理职责，许多新晋管理者会感到迷茫与不安，仿佛一夜之间从熟悉的战场来到了未知的领域。

这本书正是作者基于自己15年团队管理经验和8年教练经验的深厚积淀，为新晋管理者量身定制的一本实战指南，指引着新晋管理者开启从新手到高手的蜕变之旅。

在这本书里，作者巧妙地融合了德鲁克的经典管理理论、优势理论及现代教练方法，构建了一个既科学又实用的管理体系。德鲁克告诉我们，管理的关键在于实践和行动，而这本书正是这一理念的生动诠释。书中不仅阐述了管理的核心理念，还通过具体案例和实操建议，帮助读者将理论转化为行动。

优势理论则像一面镜子，让管理者能够清晰地看到自己的长处与短处，从而扬长避短，发挥最大效能。作者以其敏锐的洞察力，引导读者发现并培养自己的独特优势，让管理之路更加顺畅。

而教练的融入，则为这本书增添了几分温暖与人文关怀。教练作为新晋管理者的导师与伙伴，通过倾听、提问与反馈，激发潜能，共同成长。这种以人为本的管理方式，正是现代企业管理所追求的。

这本书的亮点之一，在于其体系化、步骤化的内容设计，让学习变得简单高效。作者将复杂的管理知识梳理成清晰的"新晋管理者发展的登山模型"，从角色认知到目标管理，从团队发展到积极关系，为每一个关键环节都提供了详尽的步骤和策略。这种"傻瓜式"的引导方式，让新晋管理者能够迅速上手，少走弯路。

此外，书中还附带了丰富的工具表单，如管理者自测表、建立事半功倍习惯的问卷等，这些实用的工具不仅方便读者快速对照检测自己当前的状态，还能根据反馈结果制订个性化的提升计划。这种"即学即用"的学习体验，无疑让管理能力的提升变得更加高效和有趣。

读罢书稿，我仿佛看到了一个个新晋管理者在作者的引领下，从迷茫走向坚定，从青涩走向成熟。这本书不仅是一本管理秘籍，更是一次关于成长的邀约。它邀请每一个新晋管理者踏上这场充满挑战与机遇的旅程，勇敢地面对每一次未知，不断地学习、实践、反思与提升。

愿此书成为你管理生涯中的良师益友，陪伴你走过每一个重要的阶段，最终成就一番不凡的事业！

夏晓辉

2024 年 9 月

# 序二

## 胜任是每个人的必修课

市面上有许多管理和职场类书籍，不乏情绪煽动式的成功学，或仅仅为新手简单罗列工具。《胜任——管理者修炼笔记》并不属于这两类，它通过故事描述的方式，带领我们跟随主人公的转身之旅，切实感受到其面对的职业挑战，并通过沉浸其中的方式参与到主人公转变的过程中。通过这个旅程，我们将深刻理解管理者所处的真实场景及底层逻辑，也能够通过"新晋管理者发展的登山模型"，通过分阶段的成长路径，一步步地澄清、梳理和转变。

书中的"胜任"理念让我们意识到，胜任不仅仅是完成任务，它是我们与岗位和职责的匹配。无论是管理者、员工，还是家庭成员，我们都在不断面对新挑战，如何识别角色、聚焦目标、发展团队、建立关系，正是胜任的核心四要素。这让我联想到历史上的刘邦和项羽，他们面对的挑战和选择正是"胜任"这一理念的体现。刘邦的成功并非因为他天资卓越，而在于他懂得如何用人，如何在不同岗位任用贤才来成就大业。而项羽虽英勇非凡，却因未能胜任自己的角色，最终失败。这提醒我们，胜任不仅是个人能力的展现，更是在合适的时间、合适的环境中发挥自己的作用。

本书的作者剑龙，是我多年的职场伙伴，我们见证了彼此在不同阶段、不同角色中的成长与胜任。作为一位经验丰富的管理者教练，登山模型是他总结多年辅导新晋管理者的实践经验而得，并以此为工具为新手管理者提供了清晰的成长路径。这本书不仅为新晋管理者指引了胜任的方向，也为任何想要在工作和生活中找到"胜任之道"的人提供了有益的指导。

马致远

2024 年 10 月

我曾经是一名管理者，现在是一名管理者发展教练。

大约二十年前，我从主管被提升为部门经理。还记得那天，总经理把我叫到办公室，告诉我升职的消息。面对这突如其来的消息，我既感到惊喜又有些担忧：部门涉及六个专业，有十名员工，我并非每个专业都了如指掌，无法保证能够好好管理每名员工。我对总经理表达了我的担忧。总经理淡然地回答："每个人都会经历这个成长的过程，我相信你可以的。"这个简短的谈话后没过多久，我就走马上任了。

多年后，当我回顾起那段时光，一方面，我感激总经理给予我发展的机会，因为那是我职业生涯的一个重要转折点，从这开始我踏上了摸索管理之道的旅程，开始不断实践和总结：如何界定部门职责、创造部门价值、确定重点、有效分配时间、领导团队协作等。在任职的两年以后，我获得了公司颁发的"优秀管理者"奖项。另一方面，我也会经常问自己：如果从头再来，我会如何更快更好地适应新的岗位、胜任这个新的角色呢？为了更好更快地胜任新的岗位，我还应该寻求哪些方面的资源呢？

空降到新环境

　　过去二十多年的职业生涯中，我有过地产、物业、高科技、金融、新能源等行业的从业经历，多次获内部晋升，曾经两次空降为高管。在组织中，不仅扮演过中高级管理者的角色，还进行管理者的教练辅导，帮助他们有效职业转身，提升管理成熟度。经过这些年的管理实践，以及系统性的学习，我发现，对于一个职业经理人而言，在他的职业生涯发展中会经历很多的关键性跨越，其中最重要的跨越有两个：

　　第一个关键跨越是从学校到职场，我称之为职业经理人的"职场童年"。初入职场的前三年，也会影响一个人的整个职场生涯。面对这次跨越，他们必须完成从学生到职场人的转变，完成从知识获取者到组织贡献者的转变。探究如何建立系统的体系、如何养成良好的职业习惯、如何建立积极的人际关系等，通过一系列行动，将所学的知识加以运用，并积累经验，以快速地胜任职场的工作要求。

　　第二个重要跨越是从业务专家晋升为团队管理者，我自己也经历了这个过程。面对这个转变，必须做到：从关注任务转向关注人员，从"独行大侠"转变为团队领导。总之，在这个阶段需要快速"从上任到胜任"。和"职场童年"

一样，这个跨越对于管理者而言，可以说是全面的、充满挑战的、意义深远的。

必须看到的是，这两个跨越为职业经理人的职场生命奠定了可持续发展的重要基础。

同时，我也发现，大多数企业都很重视第一个跨越，比如会有系统性针对大学生的入职培训学习和实践活动，并且为这些"职场新鲜人"安排了师傅，进行师带徒的活动、系统的轮岗活动等，可以说是精彩纷呈。但是，对于第二个关键跨越，企业的投入却参差不齐。有些企业安排了详细的新经理转身活动，更多的企业却只是让这些新晋管理者自由野蛮生长。

以我为例，我的第二个跨越是在某大型企业发生的，由于当时企业正在快速腾飞阶段，虽然我当时接受了"转身"的相关培训，比如去集团参加了为期一周的新经理培训，但从现在的眼光来看，那还不算系统性的、卓有成效的培养，大部分时间还是要靠自己摸索，才能一步步掌握管理的知识和技巧。

为了更加系统地进行管理者的培养，我开发了诸如"成为上级的事业伙伴""新经理的三次跨越""HR 教练辅导"等课程，累计培训人数超过五千人次。在组织内部指导了三百多名管理者，指导他们取得了显著成就。通过近十年的对德鲁克理论的研究及在企业管理方面的实践经验，我开发了"成为有效管理者"训练营，培训了五百余名学员，深刻理解了他们在管理实践中面临的挑战，以及如何融合不同文化背景下的管理理念、运用有效的工具和方法提升学员的认知。

在以上这些管理者系列课程的研发中，我尤其关注新晋管理者，也就是那些正在经历"第二个关键跨越"的管理者，我认为这个阶段的良好成果，对于组织发展和个人的成长都有极其重要的作用。

面对新晋管理者的"忙与茫"，我会运用"新晋管理者发展的登山模型"进行教练式的辅导，通过里程碑式的习惯养成，首先帮助新晋管理者站稳"自我管理"这个基本目标。这本书就是我多年辅导管理者成长的理论总结和实践心得。

全书以 A 公司开展帮助新晋管理者有效转身的"领队计划"项目为背景，讲述一名新晋管理者（辛经理）转身的全过程，围绕主人公与管理教练、上级、平级、下级和人力资源同事等多方的互动展开。

书中涉及了这些内容：新晋管理者成功转身的四个标准；管理者应该达成的三个贡献、八项任务；管理者进行自我管理，实现事半功倍的四个习惯等；并对"新晋管理者发展的登山模型"的四个阶段进行了整合。

读者通过了解故事发展的过程，不仅能感受到管理者面对的挑战和发生的转变，还能学习到如何通过实践和反思提升自己的管理能力和效率。书中的经验和工具不仅适用于新任经理，也能启发任何希望提升管理技能的人。同时，书中的教练角色，也是我曾经在组织中扮演的角色。相应的方法论和工具，也都来自我作为管理者教练辅导管理者成长过程中的总结与沉淀。作为乐高认真玩教练和盖洛普优势实践者，我也在书中展示了相关的实践和思考。

全书有六章，以"新晋管理者发展的登山模型"为逻辑展开。其中，攀登阶段的四个部分，既对应了新经理成功转身的四个标准，也对应了新经理进行自我管理应该养成的四个习惯。

## 本书内容大纲

| 登山阶段 | 章节 | 章节名称 | 目标 |
|---|---|---|---|
| 大本营 | — | 第一章 | 新官上任，面对新挑战 | 帮助新晋管理者了解所在组织特点、知识工作者的特点，从而理解自己的处境，以及需要养成的事半功倍的四个习惯 |
| 攀登阶段 | 角色认知阶段 | 第二章 | 角色认知，职场罗盘 | 帮助新晋管理者理解角色对齐的价值，以及角色对齐的六步法，其中，贡献是角色对齐的核心。通过有效的方法去选拔具有贡献意识、能够出成果的人才 |

续表

| 登山阶段 | | 章节 | 章节名称 | 目标 |
|---|---|---|---|---|
| 攀登阶段 | 目标管理阶段 | 第三章 | 时间有限，价值无限 | 帮助新晋管理者理解时间的特点，以及时间管理的意义。通过确定要事、匹配完整时间，将单位时间的价值最大化，并且运用时间复盘表进行即时反思 |
| | 团队发展阶段 | 第四章 | 无长处，不机会 | 帮助新晋管理者认识到用人所长的重要性，通过管理工具识别长处，并且基于长处开展团队管理及自我的发展 |
| | 积极关系阶段 | 第五章 | 积极关系，成长联盟 | 帮助新晋管理者理解积极关系的重要性，并运用信任阶梯建立与上级、平级、下级之间的关系 |
| 巩固反思 | — | 第六章 | 山在那，共成长 | 帮助新晋管理者对转身的工作进行系统性的整合，从整体上看到转身的全景图，以及找到新晋管理者转身的锦囊 |

总而言之，领队带领队伍攀登的过程，就是一个"顺势聚力"的过程。

（1）理解组织的愿景及外部商业环境，作为管理者面对挑战——这是顺外部趋势。

（2）看到自己心智习惯现状，是在高处思考，还是在低处行动——这是顺个人态势。

（3）明确管理者的角色定位和贡献要求，以愿景引领行动——这是顺高维势能。

（4）聚焦正确的要事，让时间更有价值——这是聚目标之力。

（5）发挥团队所长，志同道合，能力互补——这是聚长处之力。

（6）与搭档建成长联盟，创积极关系——这是聚信任之力。

特别说明：本书针对新晋管理者的有效转身而做，书中给出的方法论和工具，适用于各层级不同发展阶段的管理者。为了便于书籍的编写和情节展开，书中主人公之一寇奇的教练与辛经理之间的教练对话并没有详细呈现，而更多的是寇奇受启发运用知识和工具的过程，如果仅以书中对教练行为的展现为依据，可能无法完全匹配ICF（国际教练联盟）对认证教练的要求，因为书中展现的内容并不是教练进行教练辅导的全貌。

在真实的教练场景中一切皆有可能，重要的是如何以客户为中心，与客户建立信任、平等的合作关系，并且运用一切可行的方法，来支持客户的成长，达成组织的目标。

黄剑龙

2024 年 8 月

# 背景介绍

　　主人公就职于一家新能源产业链发展的高科技公司，公司紧跟国家的步伐，致力于实现可持续发展目标。公司坚定不移地发展新能源，在技术研发和创新方面投入大量资源，推动能源转型和绿色发展。公司的核心理念是通过先进技术和创新解决方案，为社会提供高效、环保、可持续的新能源产品和服务。

　　为了实现这一目标，公司不断增加在技术研发方面的投入，引进先进设备，组建高水平的研发团队，着力攻克新能源技术的核心难题。同时，公司注重加强技术人才和管理人才的培养，通过持续的培训和职业发展计划，提升员工的专业能力和管理水平，为公司的长远发展奠定坚实的基础。

　　公司始终以客户为中心，致力于提供高质量的产品和服务，满足客户的需求。通过深入了解客户的需求和市场动态，公司不断优化产品设计和服务流程，提升客户满意度。此外，公司重视与合作伙伴的共同成长，通过紧密合作，实现互利共赢，共同推动新能源产业的发展。

　　在这样的背景下，主人公辛经理所在的车联网软件研发部承担着关键的职责：

　　产品研发与实现：负责车联网产品的整体研发工作，包括软件架构设计、功能需求分析与编码，确保产品功能的实现与优化。

　　跨部门合作与测试：与相关部门紧密合作，确保产品开发的顺利进行，并配合测试团队进行产品测试与验证，保证产品质量。

　　市场动态与竞品分析：关注车联网行业的最新动态，收集并分析竞品信息，为产品研发提供市场趋势和竞争态势的参考。

　　产品规划与迭代：根据市场需求和公司战略，制定车联网产品的规划，推动产品的持续迭代和升级，以满足不断变化的用户需求。

公司在新能源领域的坚定发展以及在技术和人才方面的持续投入，为车联网软件研发部提供了广阔的发展空间和有力的支持，助力其在技术创新和产品优化方面不断突破。

主人公辛经理简介

辛经理从小就充满好奇心和探索欲望。他出生在一个普通的工薪家庭，父母虽然收入不高，但一直非常重视教育，从小培养他独立思考和解决问题的能力。小学时期，小辛便表现出对科技的浓厚兴趣，经常拆解家里的电子设备，研究其中的构造和工作原理。中学时期，他参加了学校的机器人社团，带领团队在多次竞赛中取得优异成绩，这进一步激发了他对技术的热爱。

在高中时期，他成绩优异，尤其擅长数学和物理。他顺利考入了一所知名理工大学，主修计算机科学与技术。在大学期间，他不仅认真学习专业课程，还积极参与各种技术项目和科研活动。作为学校编程社团的核心成员，他多次代表学校参加编程竞赛，并取得了不俗的成绩。此外，他在课余时间还自学了不少前沿技术，撰写并发表了几篇技术论文，为自己积累了丰富的学术和实践经验。

毕业后，他进入了一家新兴的科技公司，担任软件工程师。初入职场的他，凭借扎实的专业知识和强烈的进取心，迅速在团队中崭露头角。在公司的第一个项目中，他通过优化算法和提升代码效率，大幅提升了产品的性能，得到了上级的高度认可。两年后，他因出色的表现被提拔为团队主管，开始带领一个小型开发团队。

三年前，他加入了目前所在的处于新能源产业链上的公司，负责车联网软件研发部的工作。在此期间，他不断挑战自我，推动多个关键项目的顺利实施，并通过创新的解决方案为公司节省了大量成本。他不仅专注于技术研发，还积极与其他部门协作，确保产品从设计到测试再到上市的每一个环节都能高效运作。

如今，作为新中层干部的辛经理，满怀激情地迎接新的挑战。他深知自己肩负的重大责任，希望通过自己的努力，带领团队取得更大的成就。他坚持技术初心，对专业有着执着的追求，同时，他也能倾听他人的意见，乐于接受挑战。辛经理对于市场动态和竞品信息保持高度敏感，时刻关注行业的发展趋势，为产品研发提供了宝贵的市场参考。

现在他刚刚新官上任，除了对技术的执着追求，以及对公司文化的理解和认同，辛经理对管理知识有基本的了解，但是没有系统地实践过。面对职场上的第二次关键跨越，辛经理任重道远，需要不断学习和磨砺，快速实现"从上任到胜任"。

# 书中人物角色介绍

**辛经理**（新经理）：本书的主人公，新任中层干部。他是一个充满活力与激情的年轻人，加入公司三年多，以出色的业绩和卓越的领导能力赢得了上级的认可，从而被提拔为中层干部。他对于新职位充满期待，同时也深知自己肩上的责任重大。辛经理是钻研技术出身，对自己的专业有执着的追求。在日常工作中，能倾听他人的意见，乐于接受挑战。他刚晋升，希望通过自己的努力，带领团队取得更大的成就。

**高上斯**（领导）：辛经理的直接上级，专业板块的分管领导。他是行业的资深专家，拥有丰富的经验和深厚的专业知识，在公司历次的大"战役"中，立下了汗马功劳。他寡言少语，但每一句话都简洁且有力，能一针见血地指出问题的关键。他内敛的领导风格让下属感到安心，也激发了他们的工作热情。高上斯以严谨的态度和专业领域的卓越成就赢得了大家的尊敬。

**寇奇教练**：公司在本次新经理转身项目——"领队计划"中，为辛经理安排了管理者转身教练职位，也是经过前期初次见面、互相匹配的教练。寇奇是一位拥有ICF（国际教练联盟）认证的资深教练，有多年的管理经验，在过去八年的教练生涯中，他在管理人员转身和转型方面积累了丰富的经验。寇奇也是一个对专业有着执着追求的专业人士，他相信，专业不是自己对自己的评价，而是来自客户的评价，因为贡献在外部，贡献的大小需要由客户来评定。从过往的客户评价来看，寇奇是一个有同理心，擅于聆听，并且拥有扎实的管理体系和丰富管理经验的教练。在教练过程中，他不仅进行教练式的提问，还能够通过及时的系统性的分享，为客户带来更多拓展性的学习。

**范平集**（平级部门）：销售服务部的部门经理，与辛经理同属中层管理层。虽然分属不同部门，但两人所在部门的工作交流和协同非常多，两人也在工作中建立了良好的协作关系。范平集以细致入微的观察力和对市场的敏锐洞察力，赢得了同事们的广泛赞誉。他深知销售与服务是相辅相成的，因此在工作中始终将客户满意度放在首位。

**郑大厂**（大型互联网公司引进）：辛经理团队成员，从大型互联网公司挖掘的专业人士，还在试用期。郑大厂拥有丰富的研发经验和广阔的外部视野。他天资聪明，作为一个外向的人，自信满满，总是能够迅速掌握新技术和新知识。他的加入为团队注入了新的活力，同时也带来了更多的创新思路和解决方案。

**徐后贝**（后备人才）：辛经理团队成员，年轻基层骨干，是中层管理者的后备人才。徐后贝以管培生身份加入公司，经过三年的不懈努力，从一名职场小白成长为公司的基层后备队伍成员。他勤奋好学，积极向上，总是能够迅速适应新的工作环境和面对挑战。徐后贝以扎实的专业基础和出色的工作表现赢得了大家的认可。

**刘专嘉**（专家人才）：辛经理团队成员，定位为专业路线发展。刘专嘉在本领域工作已有八年时间，对自己的定位非常明确，就是成为行业内的专家。他专注于技术的研究和创新，对管理没有兴趣。刘专嘉的专业素养和深厚的技术功底让他在团队中备受尊敬，他也经常为团队提供宝贵的技术支持和建议。

**任姿**（人力资源经理）：公司人力资源经理。任姿是一个经验丰富、善解人意的人力资源经理。她全面负责公司的人力资源管理工作，为公司员工提供了全方位的支持和帮助。她以专业的态度和热情的服务赢得了员工的信赖和喜爱，是公司内部不可或缺的一员。

# 目录

# 第 一 章

# 新官上任新挑战

组织的特性，使"无效"成为管理者的宿命。管理者只有主动追求有效，才是唯一出路。

在庞大的组织体系中，信息的滞后、资源的分配不均、成员间的沟通障碍，都可能成为导致管理失效的根源。管理者应积极寻求转变，主动追求有效管理，通过优化流程、提升决策效率、强化团队协作等手段，不断突破管理瓶颈，实现组织与个人的共同成长。

随着社会的飞速发展、组织规模的不断扩大和复杂性的增加，传统的管理理论和管理方式正面临着前所未有的挑战。这种变革不仅源于管理理论本身的进步，更是受到了社会、行业、组织以及个人等多方面因素的深刻影响。

宏观方面，对于管理者有三个维度的新要求：

第一，开阔的视野。在信息爆炸、科技日新月异、经济全球化的大背景下，管理者需要具备更广阔的视野和更敏锐的洞察力，以应对不断变化的外部环境。他们不仅要关注组织内部的运营和管理，还要关注社会的整体发展趋势，以及这些趋势对组织可能产生的影响。

第二，学习与创新。行业发展的现状与趋势也对管理者构成了新的挑战。随着行业的不断发展和变革，新的商业模式、技术和管理方法层出不穷。管理者需要不断学习新知识、掌握新技能，以适应行业的变化。同时，他们还需要具备创新能力和战略眼光，以引导组织在激烈的竞争中保持领先地位。

第三，灵活与敏捷。组织的业务属性和发展趋势也影响着管理者的角色和职责。不同的组织有不同的业务属性和发展目标，管理者需要根据组织的实际情况制定合适的管理策略。随着组织的发展壮大，管理者还需要关注组织的文化建设和团队建设，以营造一个积极向上、团结协作的工作氛围。管理者不仅需要关注员工的成长和发展，提供充分的培训和支持，以激发员工的潜力和创造力；同时，他们还需要关注员工的心理状态和工作状态，营造一个健康、和谐的工作环境。

同时，新人以数字化原住民的身份踏入职场，携带着创新思维、强烈的自我意识，以及即时沟通的习惯，为职场带来了前所未有的活力与变革。他们追求工作与个人成长的平衡，渴望在多元化的环境中快速学习并实践新技能。面对这样的群体，管理者若仍固守传统的管理方式，如单向命令、僵硬的层级结构和固定的工作时间，将难以激发他们的潜能与创造力。相反，管理者需采取更加灵活、包容与赋能的领导风格，鼓励团队合作而非个人英雄主义，重视员工意见，促进信息共享与开放交流，同时提供个性化的职业发展路径和持续学习的机会。通过这样的管理方式，不仅能够适应新人的特质，还能共同推动企业与时代同频共振，实现双赢的局面。

在这样的背景下，管理者需要具备多元化的能力和素质，包括战略眼光、创新能力、沟通能力、团队协作能力、领导力等。他们需要在不断变化的环境中灵活应对各种挑战，以推动组织的持续发展和进步。

总之，企业是社会的器官，现代管理者不仅是企业中的管理者，更是行业中的管理者、社会中的管理者。他们的工作内容和工作状态深受环境的影响，需要不断学习和进步以适应这些变化。只有这样，他们才能在现代社会中发挥更大的作用，为组织和社会的发展作出更大的贡献。

本书的主人公辛经理就是在这样一个时代和行业背景下，实现着自己职业生涯中的一步步成长与发展。在加入公司三年后，辛经理凭着自己的努力和潜力终于得到了晋升，成为今年公司从技术岗位提拔到管理岗位的八名员工之一。

还没来得及好好庆祝，他就已经投入热火朝天的工作中去了，更没来得及好好思考晋升后会有哪些不同、应该有哪些不一样的成果。

# 第一节　新能源汽车行业的机遇与人才挑战

## 一、行业趋势与机遇

随着全球对环境保护和可持续发展的重视，新能源汽车市场呈现出持续增长的趋势。数据显示，2024年中国生产的新能源车占世界新能源车的份额占69%，且预计在未来几年内将继续保持高速增长。这为企业提供了巨大的市场空间和发展机遇。

政府为鼓励新能源汽车发展，纷纷出台了一系列支持政策，如购车补贴、充电基础设施建设等。这些政策不仅降低了消费者的购车成本，也推动了新能源汽车市场的快速发展。

新能源汽车市场渗透率

### 1. 全球低碳势头势不可当

（1）低碳排放要求提高。随着全球气候变化的加剧，各国对碳排放的要求越来越严格。新能源汽车作为低碳排放的代表，将在全球范围内得到更广泛的应用和推广。A公司可以借此机遇，加大在新能源汽车领域的投入和研发，推动公司业务快速发展。

（2）环保标准提高。随着全球对环保要求的不断提高，新能源汽车的环保标准也将进一步提升。A公司需要密切关注环保标准的变化，加强技术研发和质量控制，确保产品符合环保要求，提高市场竞争力。

### 2. 技术进步和创新永不止步

（1）电池技术持续升级。电池技术是新能源汽车发展的关键因素之一。随着技术的不断进步，新能源汽车的续航里程将得到进一步提升，充电时间也将大幅缩短。A公司可以加大在电池技术领域的研发投入，推动电池技术的持续升级和创新，提高产品的性能和质量。

（2）自动驾驶技术广泛应用。自动驾驶技术是新能源汽车领域的另一大发展趋势。A公司可以关注自动驾驶技术的发展动态，加强与相关企业和研究机构的合作，推动自动驾驶技术在新能源汽车上的应用和推广。

### 3. 市场需求急剧攀升

（1）消费者需求多样化。随着消费者对汽车需求的多样化和个性化要求，新能源汽车市场也将呈现出更加多元化的趋势。A公司需要密切关注市场动态和消费者需求的变化，加强市场调研和产品研发，推出符合市场需求的新产品。

（2）海外市场拓展。随着全球新能源汽车市场的不断扩大，海外市场将成为A公司的重要发展方向。A公司可以加强与国际市场的合作和交流，拓展海外市场渠道，提高品牌知名度和市场占有率。

### 4. 产业链建设愈发完善

（1）产业链协同发展。新能源汽车产业链上下游企业之间的协同发展将有助于提高整个产业的竞争力和市场地位。A公司可以加强与产业链上下游企业的合作和交流，推动产业链协同发展，共同推动新能源汽车产业的快速发展。

（2）供应链优化。随着市场竞争的加剧和消费者需求的多样化，供应链的优化将成为企业提高竞争力的重要手段。A公司可以加强供应链管理和优化工作，提高供应链效率和质量水平，确保产品的供应稳定和高效。

## 二、人才挑战

整个行业对于参与其中的每一个组织、企业都是公平的，公平的要求和公平的机会。是否有能力把握住机会，顺应时代的趋势发展，是企业领导者关注的重点，他们甚至会担心如果组织能力不足，只能眼睁睁看着机会被其他企业夺走，痛失发展机会。

顺势而为，意味着要顺应行业发展趋势，清晰化人才需求的趋势，还要充分发挥组织中团队和个人的优势长处，做到力出一孔，利出一孔。

工业和信息化部等三部门联合发布的《制造业人才发展规划指南》明确指出，随着全球能源转型和汽车产业的深刻变革，到2025年，我国节能与新能源汽车领域将面临高达103万的人才缺口。这一预测不仅揭示了新能源汽车产业的迅猛发展态势，也凸显出当前人才供应与产业发展需求之间的显著不匹配。

在电动化、网联化、智能化、共享化这一"新四化"趋势的推动下，智能网联、自动驾驶等前沿领域的技术创新日新月异，对专业人才的需求也愈发迫切。然而，当前的人才市场却面临着诸多挑战，如专业人才培养体系尚不完善、高端人才短缺、人才流动与配置效率不高等问题，这些都进一步加剧了相关领域的人才竞争。

针对这一现状，政府、企业和社会各界应共同努力，加强人才培养与引进，提升人才素质与创新能力。具体而言，可以采取以下措施：

（1）加大人才培养力度，优化专业设置与课程设置，强化实践教学与创新能力培养，培养更多符合产业发展需求的高素质人才。

（2）加强人才引进与激励，完善人才政策体系，吸引国内外优秀人才投身新能源汽车产业，同时建立健全人才激励机制，激发人才的创新活力。

（3）推动产学研用深度融合，加强企业与高校、科研机构的合作与交流，促进科技成果转化与产业升级，提升人才在产业发展中的贡献度。

（4）优化人才流动与配置机制，建立健全人才市场体系，促进人才在不同领域、不同企业之间的合理流动与优化配置，提高人才使用效率。

人才挑战是最近几年来，各个企业提到最多的管理问题。充实的技术人才队伍支持企业始终在技术上领先，同时坚实的管理人才梯队，则是高科技公司有效运作重要的组织保障。

新能源汽车行业的竞争，就是人才的竞争，这包括技术人才的招募和培养、管理人才的培养与发展：

新能源行业人才紧缺！

### 1. 技术人才招募和培养的挑战

新能源汽车行业涉及的技术领域广泛，包括电池技术、电机技术、电控技术、智能驾驶技术等，这些领域都需要具备专业知识和实践经验的高端人才。然而，目前行业内技术人才的供给远远不能满足市场的需求，这给企业的人才招募带来了巨大挑战。同时，如何有效地培养和留住这些技术人才，使其不断适应行业技术的快速更新，也是企业需要面对的重要问题。

### 2. 管理人才培养与发展

随着企业规模的扩大和业务的复杂化，对具备战略眼光、创新思维和卓越领导力的管理人员的需求也大幅增加。他们需要能够制定并实施有效的发展战略，优化资源配置，提升组织效率，同时还需要具备跨文化沟通和团队协作能力，以应对全球化竞争带来的挑战。新能源汽车行业的快速发展不仅要求管理人员具备传统汽车行业的管理经验，更需要他们具备对新能源、智能网联等前沿技术的深刻理解和洞察能力。

为了应对这一挑战，企业不仅需要招募具备丰富经验和专业知识的管理人才，还需要投入大量资源进行内部人才的培养与发展。虽然很多企业能够通过高薪吸引行业技术专家，通过传帮带机制培养技术人才梯队，但是在管理梯队建设方面，还需要有效布局和推动。

在人才培养方面，企业需要制订系统的培训计划，涵盖管理理论、行业知识、领导力等多个方面。同时，结合岗位需求和个人发展规划，为管理者提供个性化的培养路径。此外，通过轮岗、跨部门协作等方式，帮助管理者拓宽视野，增强跨行业、跨部门的管理能力。

在人才发展方面，企业需要建立健全的晋升机制和激励机制，鼓励管理者不断提升自己的能力和业绩。通过设定明确的职业发展目标和路径，让管理者有清晰的方向和动力去努力。同时，企业还需要关注管理者的心理健康和职业发展满意度，为他们提供必要的支持和帮助。

但是，在管理者梯队的建设工作中，存在着关键却薄弱的一环——新晋管理者的转身工作。

一些优秀的员工将逐渐崭露头角，成为企业的新经理。这时，如何让他们从单一的岗位或项目中脱颖而出，转型为一名合格的管理者，从成功上任到顺利胜任，就需要企业开展有针对性的、有效的转身辅导工作。

从上任到胜任

某项全球领导力调研发现：近33%内部提升的新经理未能达到预期目标。这一数据反映了新任经理在角色转变过程中所面临的巨大挑战。同时，调研还指出，44%的基层管理者认为自己没有足够的时间用来自我发展，而71%的基层管理者被认为领导力不佳。这些问题不仅影响了新任经理的个人成长，也为企业的长期发展带来了潜在的风险。

新任经理的转身难度主要体现在以下几个方面：

晋升前培训不足。许多新任经理在晋升前没有接受过系统的管理培训，导致他们缺乏必要的管理知识和技能，难以迅速适应新的角色。

组织期望不清晰。企业往往对新任经理的期望不够明确，导致管理者在角色转变过程中感到迷茫和困惑，无法有效地履行新的领导职责。

对自我发展的思考不足。新任经理往往缺乏自我发展的意识和规划，不知道如何在工作中不断提升自己的能力和素质，从而影响了他们的领导力和管理效果。

领导和管理能力缺失。新任经理在领导风格、团队管理、决策能力等方面可能存在不足，导致他们难以有效地领导团队、推动工作进展，影响了企业的整体表现。

无论什么原因，都会导致管理人才青黄不接，组织能力无法匹配业务机会，这已经成为一个无法忽视的问题。

### 三、A公司培养新经理的举措

作为一家成立于2016年的新能源汽车产业链上的公司，A公司凭借对趋势的敏锐把握、强大的资金支持和坚实的技术储备，在过去的几年中取得了突飞猛进的进步。公司管理层对于行业风口带来的机遇感到欣慰，但同时也意识到当前人才培养，尤其是专业线条人才梯队建设的紧迫性。

新能源汽车行业的快速发展不仅带来了市场的扩大和技术的进步，也对企业的管理和人才队伍建设提出了更高的要求。在这个竞争激烈的市场中，只有不断适应变化、持续创新的企业才能立于不败之地。A公司管理层深刻认识到，要想在行业中保持领先地位，必须拥有一支高素质、专业化的技术人才和管理人才队伍。

A公司一方面大力招募行业技术人才，一方面大力进行管理队伍的建设。在这项工作上有过成果，也有很多的教训。虽然每年都能够吸引大量的管培生加入，但是过去两年新任经理的绩优比率为60%，而剩下的40%中，有一半的人没有经过系统性的训练，另一半的人经过几个月的适应期，发现自己不适合管理岗位，因此回到了自己的专业技术岗位。

如何帮助这些高潜能人才快速胜任新的岗位，以及成为有效的管理队伍建设工作中的关键成功因素呢？尤其是像辛经理这样的人才，加入公司的时间不算短，对公司文化非常认同，同时在专业方面也很有建树，公司一定要用不一样的方法，帮助他们顺利完成职业过渡，尽快进入状态，胜任新的岗位。

因此，在公司总经理的推动下，A公司启动了人才梯队建设升级计划，采取了两项重要的举措：

第一，刷新管理者能力要求。针对中层管理人员，根据公司的业务类型和组织结构，从管理绩效、管理团队、管理体系三个维度，梳理出了八项任务，以及对应的管理能力要求，并将其作为新编的A公司《管理者手册》的一部分。

表 1.1　中层管理者的八项任务

| 维度 | 工作内容 | 具体事项 | 所需能力 |
|---|---|---|---|
| 拿结果 | 定目标 | （1）制定：根据战略意图制定部门任务和规划<br>（2）传递：传递和解释目标给员工，确保每个成员理解并认同组织目标<br>（3）回顾：定期回顾和调整目标，确保其与组织整体战略一致 | 战略思维、沟通能力、分析能力 |
| | 定架构 | （1）归类：根据活动、决策和关系等要素将工作分门别类<br>（2）匹配：设计合理的组织架构，并安排合适的人手 | 组织设计、人才识别、计划能力 |
| | 量绩效 | （1）确定：基于组织绩效要求制定个人绩效目标<br>（2）辅导：辅导员工达成绩效目标，提供必要的支持和资源<br>（3）反馈：确定和衡量绩效，通过数据和反馈进行分析 | 绩效管理、数据分析、教练技能 |
| 带团队 | 做激励 | （1）沟通：建立双向沟通机制<br>（2）激励：了解员工需求和期望制定激励政策<br>（3）凝聚：将个体凝聚成一个高效的团队 | 激励技巧、沟通技巧、情感智能 |
| | 培人才 | （1）引领：引导向正确的方向发展<br>（2）培养：在管理中用合适的方式培养人才 | 人才发展、自我提升、识别潜力 |
| | 管关系 | （1）信任：定期与不同部门的同事进行正式和非正式的交流，建立并维护信任关系<br>（2）冲突：促进团队内外的协作，在团队内部和跨部门合作中有效解决冲突，保持团队和谐 | 人际交往、协作能力、冲突管理 |

| 维度 | 工作内容 | 具体事项 | 所需能力 |
|------|---------|---------|---------|
| 建体系 | 建流程 | （1）流程：制定并实施标准化的工作流程<br>（2）制度：建立规范的制度 | 流程管理、标准化持续改进、制度建设 |
| | 塑文化 | （1）传承：传承企业文化，增强员工的归属感和认同感，通过教育和行为引导<br>（2）行动：传递组织的核心价值观和行为准则，确保制度和文化的贯彻执行，通过定期检查和评估进行调整和改进 | 文化建设、制度建设、执行能力 |

　　第二，重点落实"新晋管理者转身项目"。公司认识到，新晋管理者的管理成熟度还不高，进行角色转变的同时，还需要带领团队达成业务目标，就像一个孩子刚开始走路就得带领其他人向前跑起来。因此，需要多方面的配合，才能够又快又好地胜任新岗位新角色。

　　基于此，A公司正式开启了旨在帮助新晋管理者快速转身、实现从上任到胜任的"领队计划"。这个计划引入了"管理教练"的服务，帮助新晋管理者有效转身，旨在通过系统的培训、实践锻炼和个性化指导三个方面共同的发力，提升新晋管理者的管理能力和领导水平，帮助他们更好地适应新的角色和挑战。

　　本周，刚晋升的一批管理者已经进入了"领队计划"，并正在进行教练工作的"三方会谈"环节。在这一环节中，新晋管理者将与资深管理者和专业的管理教练进行深入的交流和讨论，共同制订个性化的转身计划和发展路径。通过这种方式，新晋管理者可以更快地适应新的工作环境和角色要求，为公司的发展贡献力量。

　　公司坚信，人才梯队建设升级和管理教练服务的引入，将为公司的发展注入新的活力，帮助公司在新能源汽车行业中取得更加辉煌的成就。

# 第二节 三方会谈开启转身

通过前期的调研，A公司确定了教练团队。为了对A公司"领队计划"项目的落地开展达成共识，现在进入到三方会谈阶段。

## 一、三方会谈

三方会谈是教练项目在组织中实施的一项重要关键动作，通常涉及三方参与者：被教练者（通常是需要提升管理或专业技能的个体）、组织方（被教练者的上级和人力资源）、教练本人。

### 1. 三方会谈的目的

（1）全面梳理与达成共识：通过三方会谈，教练能够引导被教练者意识到需要系统地梳理自己的工作内容、职责、能力以及发展需求。同时，被教练者的上级也能提供宝贵的反馈和指导，帮助大家达成共识，明确教练工作的目标和方向。

（2）明确期望与责任：在会谈中，被教练者、上级和教练可以共同明确教练工作的期望和成果，以及各自在教练过程中的责任和义务。这有助于确保教练工作的顺利进行，并达到预期的效果。

（3）建立发展支持网络：三方会谈可以构建一个由教练、被教练者、组织方（被教练者的上级和人事）组成的支持网络。在这个网络中，三方可以相互协作、分享资源，共同为被教练者的发展和提升提供支持。

### 2. 三方会谈的一般流程

（1）开场与介绍：教练首先介绍会谈的目的和流程，并引导三方参与者进行自我介绍和初步交流。

（2）现状梳理：组织方描述项目开展的背景以及现状，并且明确现有的资源、希望达成的目的等。

（3）目标设定：在梳理现状的基础上，三方共同设定教练工作的目标和期望成果。这些目标应该具体、可衡量，并与被教练者的发展需求密切相关。

（4）责任明确：教练、被教练者及其上级共同明确各自在教练过程中的责任和义务，确保教练工作的顺利进行。

（5）行动计划制订：根据设定的目标和责任，三方共同制订具体的行动计划，包括教练活动的安排、资源的分配以及后续跟进等。

（6）总结与反馈：在会谈结束前，教练引导三方进行总结和反馈，确保大家对教练工作的目标、计划和期望有清晰的认识。

三方会谈是组织中教练工作的起点，也是至关重要的环节。通过三方会谈，教练工作可以更加系统、全面地进行，确保被教练者得到充分的支持和指导，实现个人和组织的共同发展。

## 二、辛经理转身的三方会谈

三方会谈开启转身过程

会议室中，一场关于"新晋管理者转身三方会谈"的会议正有条不紊地进行，今天的转身主角是辛经理。会议室里，辛经理、人力资源部负责人任姿、高上斯及寇奇围坐在会议桌前，针对接下来的180天转身工作进行沟通，并锁定转身的目标。

HR经理任姿简单介绍了当前新能源汽车行业的现状和公司的人才挑战。详细阐述了本次转身项目的目的和意义，并通过展示相关的数据，对公司过去在管理培养项目方面的得与失进行了回顾与反思。

任姿结合多年的人才发展经验提出，在管理者的生涯发展中，最关键的时刻包括两个：

第一个关键时刻是从学校到职场的第一年，是职业经理人的"职场童年"。在这一年，他们走入社会，需要根据环境进行改变——从被动学习知识到主动作出贡献的职业化跨越、从知识学习储备到职业技能训练的跨越、从单一人际关系到多元化职场关系的跨越。同样，一个人的"职场童年"也会影响他未来的职业生涯，包括工作习惯、系统思维、知识积累和人际关系等方面。

第二个关键时刻是从业务专家到团队管理者的第一年。这是他们成为管理者的"关键跨越"，在这一年，他们必须要根据环境的要求做出改变——从之前的孤胆英雄变成团队领导者的跨越、从关注事到关注人并且人事并重的跨越、从关注内部关系到关注外部关系的跨越。和"职场童年"一样，这个转变对管理者来说是全面的、充满挑战的、意义深远的。第二个关键时刻的难度比第一个关键时刻的难度还要大，因为在这个时候，管理者已经不是职场新人了。在业务压力下，无法得到职场小白等得到的包容。新晋管理者的挑战在于：一边开车，一边换发动机。

对于以上这两个关键时刻，从前A公司更重视第一个跨越，比如大学生的入职培训通常都有系统的学习和实践活动，有轮岗，有师带徒，给予相对充分的时间来帮助新人进行职业转换。

但对于第二个关键时刻，公司虽然一直很重视，却没有真正投入足够的力量来开展。面对行业的机会和公司的组织能力评估，公司管理层下定决心，一定要抓好新晋管理者转身工作，并在未来形成常态。"领队计划"就是这个项目的名称，并且从今年开始公司引入了"管理教练"的角色。

任姿提醒辛经理，新晋管理者普遍都有"新官上任三把火"的思想，想快速做出成绩以证明自己，但是在团队管理方面却没有经验，这就造成了欲速则不达。公司领导层也在多个场合的管理会议上表达过：一个优秀的管理者首先应该做好"自我管理和修炼"，然后才能够有效管理业务、管理团队、管理体系。本次引入管理教练，就是为了帮助新任经理快速适应新的管理角色，帮助他们首先从自己的角色定位开始，形成新的、卓有成效的习惯，扎扎实实打好基础，从而更好地带领团队，提升领导力。

同时，任姿再次提醒辛经理，本次职务的调整，意味着几个改变：角色的转变、关系的转变、要求的转变。这个转变可能会带来以下几个挑战：

- 新官上任，如何快速进入角色？
- 从前的"兄弟"变下属，如何处理好关系？
- 事务繁多，如何抓主要工作，而不是胡子眉毛一把抓？
- 时间不够用，哪些事情能授权，如何授权？
- 人手不够用，如何打造高绩效团队？
- 上级要求高，平级需协同，如何处理各种关系？
- 自身能力欠缺，想提升但有心无力怎么办？

领队计划的深刻含义

任姿结合个人贡献者和团队管理者的对比表，进行了相应的解读。

表 1.2　个人贡献者和团队管理者对比表

| 要点 | 个人贡献者（孤胆英雄） | 团队管理者（群龙有首） |
|---|---|---|
| 工作性质 | 职责：完成特定的任务和项目，专注于自身工作和专业领域<br>工作重点：注重个人绩效和结果，通过技能和知识解决问题<br>时间管理：时间用于执行具体任务、提高专业技能<br>目标：实现个人工作目标和任务，贡献专业知识和技能 | 职责：领导和管理整个团队，确保团队目标实现，协调团队成员<br>工作重点：团队绩效成果，协调、指导和支持团队成员实现目标<br>时间管理：时间用于团队管理、沟通、协调、解决团队问题<br>目标：实现团队目标，提升团队整体绩效、团队成员成长和满意度 |
| 成功的能力要素 | 专业技能：拥有深厚的专业知识和技能，独立完成高质量的工作<br>时间安排：良好的时间管理和自我激励能力，高效完成任务<br>问题解决：拥有强大的问题解决能力，独立分析问题找到解决方案<br>学习能力：持续学习和提升，保持竞争力 | 战略思维：拥有全局视野，制订并实施战略计划，推动团队和组织发展<br>时间管理：能够识别要事，将时间用在最重要的事情上<br>沟通能力：拥有沟通和人际交往能力，有效地与团队成员、其他团队沟通<br>协调能力：协调团队成员的工作，解决冲突，确保团队的高效运作<br>决策能力：能在复杂的环境中做出明智的决策，平衡短期和长期利益<br>用人所长：识别成员优势，激励、指导和支持团队成员，带领团队朝着目标前进 |

紧接着，任姿介绍了公司今年开启的支持新晋管理者转身的"领队计划"。

### 1. "领队"的含义

这是一个富有象征意义的项目名称，它不仅是一个名词，更是一个动词，代表着公司希望在行业发展中成为领头羊的愿景，也代表着公司在人才队伍建设方面，领导、引导和激励团队向前迈进的行动。管理者的成长，就像是登山，在登山过程中，"领队"不仅是一种角色，也是一种行动。从登山队员到领队，意味着在团队中承担起更大的责任和领导的责任。相类似，在组织中，从技术专家到管理者，也意味着需要承担更多的责任和领导团队前进的使命，既要成为"领队"，更要"带领队伍"取得成绩。

### 2. 帮助新晋管理者"从上任到胜任"

领队计划旨在帮助新晋管理者实现从上任到胜任的转变。这不仅包括技术和管理技能的提升，还包括领导力、沟通能力和团队协作的发展。通过计划中的培训、导师指导和增加实践经验，新晋管理者能够逐步成长为有效领导团队达成目标的领队。

### 3. 承载了组织的"使命和力量"

领队计划充满使命感和力量，因为它不仅关乎个人的职业发展，更关乎团队的成功和组织的持续发展。每位参与者在完成这个项目时，不仅提升了自己的能力，还为团队和组织的共同目标贡献了自己的力量和智慧。公司的目标是成为行业的领头羊，希望引领行业的发展。因此，从人才的领队，到行业的领队，推动行业的发展和社会的进步，这是一个充满使命感和力量感的宏伟计划的起点。

领队计划旨在培养新晋管理者成为组织攀登过程中的领队。这个领队不仅具备技术能力和管理技巧，还能够激励团队、引领方向并克服挑战。通过这个计划，每位参与者都能够在职业生涯中攀登到新的高度，成为组织和团队的重要领导者。我们鼓励和引导新晋管理者在职业生涯中迈出坚实的步伐，实现个人与团队的共同成功和成长。

随后，辛经理的领导高上斯，对辛经理表达了晋升后的祝贺。他回顾了辛经理在技术领域的卓越表现，指出作为研发部经理，需要承担更多的责任和挑战，并告诉辛经理，很多的经验和教训，都需要通过辛经理自己的实践和体验得来。同时，高上斯也表示，自己将成为辛经理"从上任到胜任"的坚实后盾。

寇奇结合自己的管理经验及在多家企业进行管理者教练辅导的经验，从几个维度介绍了对于新晋管理者实现有效转身、成功胜任新岗位的四个行为标准，并说明。这四个衡量标准对应了新晋管理者开启自我管理、养成事半功倍的四个习惯，也贯穿在新晋管理者成功转身的四个阶段中来进行训练。

表 1.3　胜任岗位的四个行为标准

| 衡量标准 | 描述 | 负面行为 |
| --- | --- | --- |
| 标准 1 角色认知 | 新晋管理者对自己角色的认知程度。具体来说，就是看他们是否清楚理解自己作为团队领导者的责任和角色，并能够积极地承担起这些责任。这个标准考验了管理者是否有角色感，是否有贡献意识，并且能够基于贡献的视角来开展相关工作 | 对角色的定位和价值理解模糊，角色错位，比如作为团队领导者还做着从前工程师的事务 |
| 标准 2 目标达成 | 新晋管理者是否能够在时间有限的情况下，识别并锁定最重要的事情，是否能够有效地集中精力办要事，让每一段时间的花费，都得到其最大的价值，最终保证团队目标达成 | 忙忙碌碌，抓不住重点，觉得什么都重要，什么都需要自己参与 |
| 标准 3 团队能力 | 新晋管理者是否能够看到人与人的不同，并且识别每个成员的长处，并能够基于长处进行人岗匹配和团队管理，将不同的成员组合成一个完整的团队 | 过度"一视同仁"，看不到每个成员独特之处，更不用说用人所长，因材施教 |
| 标准 4 积极关系 | 新晋管理者是否能够营造积极的工作关系，包括上级、平级、下级。他们是否能够建立起开放、信任和合作的团队文化，鼓励团队成员之间沟通和协作，以及是否能够有效处理团队内部的冲突和挑战，确保团队团结一致地向共同目标迈进 | 意识不到工作的推动，需要团队的力量，需要上下级、平级之间的通力协作 |

关于外部管理教练对于企业的价值，寇奇分享了现在很多企业在管理者队伍培养方面存在的问题——虽然开启了"训战结合"的方式，采用大量的培训以及丰富的实战，包括轮岗、双向交流等方式，效果却差强人意。

原因是什么呢？寇奇展示了一个文档，来自某个专门提供领导力和人才管理解决方案的公司，该公司主要目标是帮助组织识别、发展和保持其领导力人才。该文档关于领导力研究的内容如下：

通过对于上千个经理人数据的搜集以及大量的研究发现，人才的成长需要三大维度共六个方面的资源：

（1）转换到有挑战性的工作/岗位。

（2）现有岗位上的发展性任务。

（3）教练、导师的辅导。

（4）得到反馈。

（5）阅读以及提供训练课程。

（6）个人学习。

其中，第（1）、（2）项是挑战性任务，设定了发展挑战，重要的工作需求能触发学习动力；第（3）、（4）项是事前、事中、事后的反馈，给予持续改进。如果没有频繁、反复的反馈和指导，是无法发生改变的；第（5）、（6）项是学习新事物，提供了学习做不同事情的原材料，没有知识的输入，也不会有任何改变。以上三个维度需要同时推进，否则成长不可能发生。

经理人成长三要素

从上图中可以看到，经理人的成长，一定需要三方面的配合，缺一不可。

● 培训课程：学习知识，建立体系，为实战进行管理知识的输入。

● 业务实战：进行业务实践，积累经验，提升技能。在战斗中学习，在战斗中磨炼。

● 接受反馈：获得对学习和行动的反馈，进行积极的调整。

然而，大部分的企业重点都在帮助学员学习新的事物（开展大量培训），以及设置挑战性任务这两个方面，并取名为"训战结合"。而在接受反馈方面，一般仅提供了一个导师计划，在实际运作中，90%的导师选择，都是学员的上级。这些上级都习惯于关注对于业绩的反馈，却很少有意识和能力基于长期发展的角度对学员进行辅导和反馈。

由此可以看到，以外部视角观察的管理者教练，就是和组织方配合，帮助新经理进行有效的反馈反思，让管理者的成长形成一个闭环。在"接受反馈"这个环节，教练要运用3A方法推动新任管理者接受反馈，促进他们的认知发展，这3A分别是：自我觉察（awareness）、行动实践（action）、反思回顾（assess）。

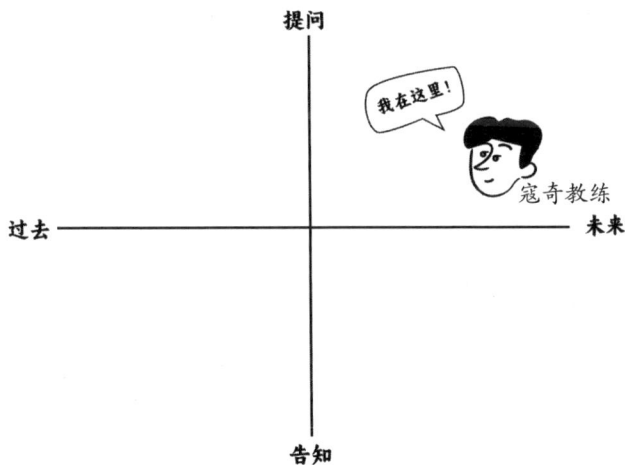

教练的工作方式

关于教练工作的开展方式，寇奇展示了一张图，进行了介绍。教练与培训师、咨询顾问是不同的：教练聚焦未来，并且通过提问的方式来进行启发；培训师是将一些方法和技巧告知客户；咨询顾问则是给客户提供专家意见。

举个例子，你是一个正在进行职业转型的客户，正在准备即将到来的一场面试，你没有信心，觉得没有准备好各个方面。

如果是培训师，他们会培训你如何优化简历，告知你如何有效面试，如何缓解紧张，并且还可能邀请你进行面试角色扮演。

如果是咨询顾问，他们作为经验丰富的专家，会一针见血地提出对你的观察，并且提出自己的专业意见，给你制订相应的提升计划。

如果是教练，他们不会告诉你怎么做，但会通过提问来帮助你找到自己的答案和节奏。教练可能会问，"你选择的这个行业最重要的是什么？""你觉得自己最大的挑战是什么？""你已经做了哪些尝试？"等来帮助你独立思考和解决问题，并且这些提问都是关乎未来的。

教练不是万能的，在管理者的成长过程中，导师、培训师、咨询顾问、教练等这些角色对于管理者的成长都是必要的。教练之所以会进入转身这个环节，是因为在管理者这个阶段，头等重要的不是学习知识、提升技能，而是拓展认知、培养自主意识和责任感、增强内驱力。这些都是新晋管理者开启"自我管理"的重要内容。当然，在后续的转身辅导过程中，寇奇也将根据辛经理的实际情况和需求，制订个性化的教练计划，并适时给予一些培训和咨询的内容，以帮助管理者顺利达成转身的成果。

关于教练过程中的保密原则，寇奇特别进行了介绍。作为ICF认证的教练，必须要遵守ICF制定的教练道德准则。值得注意的是，教练过程中的相关信息都高度保密，辛经理的成长进展和相关的信息，也将由辛经理定期安排时间来有针对性地进行通报。

辛经理表达了对教练工作的积极态度和合作意愿。他表示将全力配合寇奇的工作，积极参与教练过程，努力实现自己的转身目标。

经过深入的讨论和交流，各方就辛经理的转身目标进行了聚焦，并达成了一致，形成了一份书面约定。辛经理正式开启了自己的转身之旅。

# 第三节　管理者面临的挑战

科技的飞速发展、经济结构的深刻变革，对组织提出了更高要求，所有行业、所有企业都或多或少、或深或浅地处于组织变革之中。而这，为知识型工作者的崛起提供了土壤。这些知识型工作者逐渐成了组织的主体，他们的效率也就更加重要了。组织需要的是更多的智慧，而不是发达的肌肉或者灵巧的双手。在这个知识爆炸的时代，他们如同璀璨的星辰，在各自的领域里闪耀着光芒。

现代组织必须紧跟时代的步伐，重视知识型工作者的培养、激励和管理，才能保持持久的竞争力。我们需要看到，随着科技的进步、电脑的运用，劳动者的工作强度并没有降低，反而增加。工作难度也是如此。

调查数据显示，超过60%的管理者表示他们的工作时间较以往增加了至少20%，而工作满意度却下降了近30%。身处复杂组织机构中的他们，不得不疲于应对各种突发状况和不确定性，使得原本就繁重的任务更加繁重。

因此，在组织中，管理者首先要看到自己身处组织之中所面对的两种情形：一是作为组织中的管理者常见的状态；二是知识性组织中的员工特质给管理带来更大挑战。

## 一、组织中管理者的常态

上任以来，辛经理早已经紧锣密鼓地投入工作中：本周预计要参加不少于30场会议，其中一半是关于技术方案的研讨，四分之一是公司汇报会议；要去80公里外的两个工厂，与制造团队的同事沟通，获取他们对产品的建议；要和团队中的所有成员一一沟通。看着密密麻麻的日程安排，辛经理心急如焚。

辛经理约了寇奇进行教练对话，对话中，辛经理忧心忡忡地描述了自己的工作状态，感觉自己根本没有时间。

被时间追着跑。日程表上划掉一件事，又来两件事；结束一个会，又收到两个会议邀请；刚要和同事沟通工作，又被领导叫去汇报工作。谁都可以安排我，我的时间被大家占用，随时都会被人拉进某个工作群，然后开始了新的工作安排。参加了一堆会议，开展了一堆沟通，进行了一堆汇报，好像做了很多事情，又觉得没做什么事情。感觉很忙，领导还觉得我没有明显的产出。我觉得自己根本就是一个时间的"囚徒"！

寇奇听完以后，给予了这样的反馈：

你这个状态，让我想起了一个小时候玩过的电子游戏，叫作大嘴巴吃豆豆（PAC-MAN）。大嘴巴是主人公，目标就是吃掉豆豆，有大豆豆、小豆豆，当然重要的是吃到大豆豆。面对的挑战是，大嘴巴还不能慢慢悠悠选择性地吃，因为还有四个小妖在后面追逐，一旦被抓住，就什么也吃不了了。所以，大嘴巴只能在前面不停地跑，能吃什么吃什么，也不管自己吃的是大豆豆还是小豆豆。

追逐管理者的四个小妖

辛经理若有所思地说：

你这么一说，我觉得自己就像那个大嘴巴，被追着跑，停不下来，不断地向前跑着，忙忙碌碌，大事小事一起做，眉毛胡子一把抓。那这四个小妖是什么呢？

寇奇说：

这四个小妖，就像我们在公司里面临的四个现实状态。

第一个小妖：时间安排被动。时间根本不属于自己，感觉都在被别人安排，有无力感。

**症状**：不仅感觉不够用，并且感到时间不再属于自己，任务堆积如山，被别人的安排推着前进，无法从容规划自己的时间，想掌控却无力。工作似乎成了不断应对各种紧急任务的循环，导致工作难以按计划有条不紊地进行。就像一个专职的救火队员，完全不知道这一天什么时间、什么地方会拉响警报。

第二个小妖：时间花在事务性工作上。花了大量时间，做的都是事务性工作，成果微乎其微，价值感低。

**症状**：陷入了大量的事务性工作中，想拒绝却无法拒绝，心里明白这些任务并非重中之重，但在琐碎事务的泥沼中，却难以有效规划和改变工作方向。每天都有很多的时间被各种看上去"并不重要"的事情占用了，但是自己本来规划好要做的重要的事情，却根本没有为它们留下时间，或者没有足够的时间完成，要么只能延后再做，要么只能降低工作标准来完成。

第三个小妖：内部协作难。上下游配合困难，沟通不畅

**症状**：部门间协作的事务特别多，小到查询一个数据，大到加入项目组共同开会讨论、方案制定等。每个部门、每个团队生产的都不是最终产品，而是五星的方案，比如创意、理念、策略等，每个人的成果都需要交给下游才能有进一步的推进。而在这种情况下，因为每个部门都坚持自己的"专业"，所以会出现明显的部门墙，经常出现"沟通沟通，沟而不通"

的现象。

第四个小妖：**外部贡献度低**。大家都很努力，但是外部客户不买单，闭门造车。

**症状**：除了一些专门对接客户的部门，大家都忙于公司内部的事务，无暇关注外部市场的变化、外部客户需求的变化、供应商的变化等，出现"闭门造车，自娱自乐"的现象，没有打造客户需要的产品，而是打造自己想做的产品。在这种情况下，管理者的工作效果怎么会好呢？

紧接着，寇奇拿出一张管理者自测表，请辛经理认真思考，填写后分享。

表1.4　管理者自测表

| 现实挑战（小妖） | 星级 | 表现／现象 |
| --- | --- | --- |
| 时间安排被动 | ★★★★ | 基本上日程都不是自己安排的 |
| 忙着做事务性工作 | ★★★ | 每天至少花费一小半时间做的事情是没必要的 |
| 内部协作难 | ★★ | 我还是比较关注和其他部门的协作，大家对我评价不错 |
| 外部贡献度低 | ★★★ | 这一项要关注，负责研发工作的，经常会出现闭门造车的情况 |

辛经理填写完后，开始介绍：

第一个小妖：自己无法掌控时间，这一项对我影响最大，当所有的时间都被别人安排的时候，完全没法思考了！

第二个小妖：都在做事务性工作，这一项对我有较大的影响，事情很多，大部分是一些对我没那么重要，又不得不做的。

第三个小妖：内部协调难这一项比较正常，因为我比较清楚我的下游部门需要些什么。由于我们沟通比较多，我基本上还是能做到关注内部客户的。

第四个小妖：外部贡献少这一项对我影响较大，作为研发部门的负责人，我发现自己大部分时间关注内部，虽然也关注技术的发展趋势，但是没有更多地去了解行业情况、友商的相关举措，以及客户的声音。

寇奇对辛经理的回答，进行了正向的反馈。他告诉辛经理，作为团队领导者，实现团队成果的前提，是认清自己所处的环境，也要看到所有的管理者都面临同样的局面，认清并理解现状，是发生改变的前提。

同时，寇奇邀请辛经理带着对四个管理现实挑战的打分，去和自己的团队一起沟通分享，去观察身边的人和事，尤其是关注身边的人。作为部门的负责人，是通过带领团队完成任务来达成目标的，邀请大家一起思考有怎样的发现，以及后续如何开展。

## 二、知识管理者特点带来的挑战

辛经理介绍了前几天的一个发现：

前两天，领导安排了一个紧急项目，时间紧任务重。当时我来不及做太多解释，简单直接地布置了任务，但很快发现，团队成员对任务的进展并没有像我期望的那样迅速，经过内部沟通，发现大家因为本来就很忙，突然被安排其他事情而有抵触情绪，完全没投入时间开展这项任务。

于是，我决定尝试一种新的方式，召集整个团队进行一次小范围的会议，在会上我分享了项目的背景、紧急性，以及这项任务对整个团队和公司的重要性。我让团队了解到完成这项任务将对我们在市场上的地位产生积极影响，并会为我们带来更多的机会。同时也发动大家来谈谈对这件事情的看法，以及各自愿意承担的任务。

这次沟通让团队成员更有动力和热情地投入工作中。他们开始更加深入地思考问题，提出了一些创新性的解决方案，整个团队的协作氛围也变得更加融洽。到目前为止，任务的进度明显好于以往，而且团队成员也更愿意接受新的挑战。

我的反思：我发现对团队成员，不能够简单提要求、发号施令，否则适得其反。对于重要的任务都要把其背景和意义交代一下，对方才能够更好地推动。

不过，这背后的逻辑是什么呢？

寇奇很清楚，很多经理都会经历这样一个"从人到事"的思考过程，此时此刻，正是辛经理理解知识管理者特点的时机。

知识工作者的工作对象不是具体的某一个物体，而是需要创新、分析信息等。很多人错误认为从事体力工作的外卖员和保安是单纯的体力工作者，实际上他们既要付出体力更要运用知识。举个例子，有人对外卖员进行了研究，梳理出了这一类从业者日常工作的内容，并且对优秀的外卖员的能力要求做了一个总结。

表 1.5　外卖员的日常工作

| 分工 | 日常工作 |
|---|---|
| 体力工作 | **需要运输物品**：外卖员通常需要骑自行车、步行或驾驶电动车，将食品从商家送到顾客手中。他们需要应对不同的交通状况、天气状况，这需要体力和耐力的支持<br>**从事搬运工作**：在外卖员的工作中，有时要搬运较大或较重的快递，这要求拥有一定的体力支撑 |
| 知识工作 | **导航和路线规划**：外卖员需要熟悉当地的道路网络，并使用导航工具，以确保在最短的时间内到达目的地<br>**客户服务**：与顾客进行互动，确保订单的准确性，并提供相应的客户服务，尤其是在突发状况发生的时候，更需要和客户开展有效对话，这涉及基本的沟通能力和人际交往能力<br>**订单管理**：使用手机应用程序接收、处理和管理订单，这需要基本的技术操作和应用使用知识 |

优秀外卖员具备的素质：

（1）时间管理与效率优化

核心素质：对外卖员来说，时间就是金钱，他们要能够高效地规划和管理时间，确保在最短的时间内完成送餐任务，每一单的用时越少，就可能送更多单。

行为表现：熟悉区域内路线，优化送餐路径，比如熟悉小区的位置、小区最近的入口，知道进入小区后如何快速找到楼栋、如何快速上楼等；合理安排接单和送餐顺序，减少等待时间；利用科技工具（如手机软件、导航工具等）提升效率。

（2）充分准备与应急处理

核心素质：进行充分的准备工作、具备应对突发情况的能力。

行为表现：携带必要的装备（如备用电池、防水袋等）；提前了解天气和交通状况，做好应对措施；能够迅速解决送餐过程中出现的问题，如餐品问题、地址错误、可能出现的冲突和纠纷，有灵活应变的能力。

（3）安全守规与优质服务

核心素质：严格遵守交通规则，注重服务质量和客户体验。

行为表现：无论时间多么紧急，始终要遵守交通规则，确保骑行安全；友善、礼貌地与客户沟通，提供优质的服务；确保餐品准确、及时送达，满足客户需求。

（4）持续学习与自我提升

核心素质：具备持续学习和自我提升的意识，不断追求更高的送餐效率和服务质量。

行为表现：外卖员也需要持续地反思学习，成为一个"卓有成效的外卖员"，需要学习新的配送方法和技巧；需要主动寻求反馈和建议，不断改进自己的工作方式；积极参与培训和分享会，提升自己的专业知识和技能。

从以上可以看到，外卖员既要做体力工作，更要做知识工作。如果想成为一个优秀的外卖员，不能仅靠体力，也要靠知识和智慧。

随后，寇奇给辛经理展示了保安的工作内容。他邀请辛经理思考：一个保安如果要做到优秀，应该具备哪些特质呢？

表 1.6　优秀保安应具备的能力

| 保安 | |
| --- | --- |
| 体力工作 | **巡逻和巡查**：保安需要在办公楼内外进行巡逻，确保安全和秩序。这包括检查大楼周边的区域，锁定门窗，巡查停车场等。这需要一定的体力，尤其是在较大的建筑物中 |
| | **应对紧急状况**：在有紧急事件发生时，保安可能需要快速而果断地应对，可能涉及迅速移动或干预现场。这种情况下，体力和应急反应能力是关键 |
| 知识工作 | **监控设备的使用**：保安可能需要操作监控设备，如闭路电视摄像头，以监视不同区域的安全状况。这涉及对技术设备的基本了解和使用 |
| | **安全规定和程序**：了解和执行公司和法律规定的安全政策和程序是保安的一项关键任务。这需要一定的知识和培训，以确保对紧急情况的正确应对 |
| | **与他人协作**：保安通常需要与其他员工、访客以及管理层等多方面进行沟通和协作。在处理人际关系和解决问题方面，知识和沟通技能也是必不可少的 |

因此，管理者需要意识到，你身边的员工可能都是知识工作者，知识工作者和体力工作者有很多的区别，正是这些区别决定了管理者需要用有效的方式管理和影响他们。

寇奇从成果类型、考核方式、激励方式、提升方式、能量恢复方式等方面，逐一讲解了体力工作者和知识工作者的区别。

表 1.7　体力工作者和知识工作者的区别

| 项目 | 体力工作者 | 知识工作者 |
| --- | --- | --- |
| 成果要求 | 通常以完成具体的任务为主，成果更直观，例如完成建筑工程、运输货物 | 成果更倾向于知识创造和解决问题，可能是报告、设计方案、程序代码等 |
| 考核方式 | 可能更容易通过完成任务的数量、质量和时间进行考核 | 考核可能更侧重于创新性、解决问题的能力、项目管理能力，以及对公司业务目标的贡献 |
| 激励方式 | 可能会受到加班费、津贴等直接与工作量相关的激励 | 更容易受到挑战性项目、晋升机会、专业培训等与知识和技能发展相关的激励 |

续表

| 项目 | 体力工作者 | 知识工作者 |
|---|---|---|
| 提升方式 | 提升路径可能更侧重于经验积累和技能提升，例如通过学徒制度或技术培训提高 | 可能通过不断学习新的知识、取得相关学历、参与创新项目等提升自己 |
| 能量恢复方式 | 需要充足的休息和良好的睡眠，以帮助身体迅速恢复能量 | 可能更需要适时的休息、可以让灵感涌现的空间，以维持创造力和专注力 |

知识工作者的数量大幅增加，使管理者无法再像对待体力工作者那样，采用传统的管理方式进行指挥和监督。管理者的工作方式和激励手段也随之发生了显著变化。同时，知识工作者的独特特性要求管理者以更系统的方式进行管理。

一家高科技公司的研发团队正在开发一款新型的智能家居设备。团队成员包括小李、小张和小王，他们各自负责不同的模块，共同致力于将产品按时推向市场。

小李是团队的硬件工程师。她深知这款设备在市场上的潜力，并且相信它能大幅提升用户的生活质量。为了确保硬件设计能够满足用户需求，她主动进行市场调研，收集了大量用户反馈，并将这些数据整合进她的设计中。每次团队开会时，小李都会分享她的调研结果和设计理念，帮助团队明确产品开发的方向和意义。她的这种行为不仅让团队成员明白了他们工作的最终目标，还激发了大家的责任感和使命感。

小张是软件工程师，负责开发设备的操作系统。尽管他面临着技术上的挑战，但他一直相信自己的工作能够让设备更智能、更高效。每当他完成一个关键功能时，团队经理就会给予积极的反馈，并且在团队会议上表扬他的贡献。这些正面的反馈和认可，让小张感到自己的努力得到了肯定，激发了他的内在动力，使他在面对难题时依旧保持积极的态度，继续努力攻克技术难关。

　　小王是项目经理，他需要确保项目按时完成，并且协调各个团队成员的工作。为了提高团队的工作效率，小王制订了详细的项目计划，明确了每个阶段的目标和任务。他为每位成员分配了具体的职责，并定期检查进展。小王还鼓励团队成员使用项目管理工具来跟踪任务，帮助他们更好地管理自己的时间和查看工作进度。通过这些措施，小王确保团队的工作有条不紊地进行，减少了混乱和冲突。

　　为了保持团队的创新能力，公司提供了丰富的培训和学习机会。小李报名参加了一门最新的硬件设计课程，提升了她在新材料应用方面的知识。小张则参加了一个软件架构研讨会，学习了先进的编程技术。小王则鼓励团队成员每完成一个阶段任务后，分享他们的经验和收获，彼此学习，不断提升。通过这种持续的自我发展，团队成员不仅提升了个人能力，也增强了整个团队的竞争力。

知识管理者的特点——四个自我

　　通过这个案例，可以看到研发团队的工程师们在推动工作的过程中，自我指引、自我激励、自我管理和自我发展的特点。小李的市场调研和分享设计理念，体现了自我指引；小张的积极反馈和持续努力，体现了自我激励；小王的详细计划和任务分配，体现了自我管理；团队的持续学习和知识分享，体现了自我发展。知识工作者的这些特点共同推动了团队的成功，确保了项目的顺利进行。

（1）自我指引：用贡献目标的价值和意义来引领

自我指引是指个体通过明确自己的目标、理解其工作的价值和意义，形成对自己行为的指导和引领。在职业生涯中，了解自己的贡献目标，即工作的终极目的，能够为个体提供明确的方向。这种自我指引不仅关乎个体对工作的热情和动力，还能激发其内在的责任感和归属感，使个体在工作中更有目标感、使命感。

可以用这样的方式来支持：

设定明确的共同目标：在团队中确立清晰的共同目标，使每个成员能够明白工作的意义和目标，激发团队成员的责任感和使命感。

强调团队价值观：建立共同的价值观和愿景，使团队成员在共同的价值目标下形成自我指引，从而保持团队的一致性和稳定性。

（2）自我激励：工作的有效性成为努力工作的动力

自我激励是指个体通过内在动力和对工作的自我效能感，增加积极向前的动力。当个体相信自己的工作是有效的、有意义的，就会产生内在的动力，激励其持续努力。自我激励有助于克服工作中的困难和挑战，使个体更容易保持专注、坚持不懈，并在面临压力时找到应对的动力。

可以用这样的方式来支持：

提供积极的反馈和奖励：及时认可团队成员的成绩，提供正面的反馈和奖励，激发他们的内在动力，增强自我激励感。

设立具体可实现的目标：通过与团队成员共同制定明确的工作目标，激发他们对自己工作的信心，形成对工作的积极态度。

（3）自我管理：目标指引和约束个人行为

自我管理是指个体在工作中通过设定明确的目标，对自己的行为进行计划、组织和控制。通过设立目标，个体可以有条理地安排工作，提高工作效率。这包括时间管理、任务分配、优先级设定等方面，这些能确保工作按照既定计划有序进行。自我管理不仅能够提高工作效能，还有助于个体更好地适应不同的工作环境，应对随时可能发生的变化。

可以用这样的方式来支持：

支持团队成员设定个人目标：鼓励团队成员设定个人工作目标，并提供支持和资源，帮助他们更好地围绕目标进行自我管理。

提供明确的任务和角色分工：为团队成员提供明确的任务分工和角色定位，使每个人都能够按照目标有序地进行工作，减少混乱和冲突。

（4）自我发展：持续修炼提升工作能力

知识工作者很有可能比他们所服务的公司更长寿。他们的平均工作寿命有可能达到50年，而一家成功企业的平均预期寿命只有30年，所以需要准备好一生不止从事一份工作。这就意味着大部分知识工作者必须管理他们自己，发展自己。

自我发展是指个体通过持续学习、不断提升自身能力和素质，以适应工作和社会的发展变化。这包括参与培训、学习新技能、更新知识等方面。通过自我发展，个体不仅可以适应工作的变化，还能在职业生涯中保持竞争力。这种持续的自我修炼有助于提高工作成果的有效性，使个体能够更好地应对复杂多变的工作环境。

可以用这样的方式来支持：

提供培训和学习机会：为团队成员提供定期培训和学习机会，支持他们不断提升自身能力，以适应工作的发展变化。

鼓励知识分享和团队合作：建立鼓励知识分享和团队合作的文化，使团队成员能够共同学习，推动整个团队的自我发展。

听完这个案例，辛经理联想到自己的那个案例，有了一些发现：现在的知识工作者有自己的特点，他们有自己的想法、自己的能力和动力来源，作为管理者不能指手画脚，而应该用更适合他们的方式来引领他们。

寇奇给辛经理布置了一个作业：仔细观察团队成员的特点，观察他们拥有的知识工作者的四个特点，并约定了下次的教练对话，重点交流面对挑战的修炼方式。

# 第四节　新晋管理者的自我管理

## 一、自我管理的价值

辛经理坐在办公桌前，翻看《管理者手册》，第一部分就是关于自我管理重要性的描述：

管理的工作内容包括管理绩效、管理团队、管理体系，但是管理者需要意识到，所有管理的前提，都是"管理者对自己的管理"。因为管理者要面对着大量的变化和挑战，必须持续地自我学习、自我提升和自我管理。

A 公司管理者手册

在《21世纪的管理挑战》一书中，德鲁克提出：在外界变化面前，知识工作者将面临全新的要求。

- 他们需要问：我是谁？我的优势是什么？我如何工作？
- 他们需要问：我属于哪里？
- 他们需要问：我能作出什么贡献？
- 他们需要承担维系人际关系的责任。
- 他们需要为他们下半生做好规划。

在这样的背景之下，团队管理者自己作为知识工作者的一员，需要找到有效的自我管理方式，能够帮助自己面对组织带来的挑战，以及面对多元化员工的挑战。

有效的自我管理要求做到：

有明确目标和价值观：一个明确知道自己想要什么、追求什么的管理者，更容易在团队中传达和贯彻自己的价值观和愿景。这种价值观的共鸣和目标的共享，可以激发团队成员的积极性和创造力，形成共同努力的方向和动力源泉。同时，当团队成员的价值观与管理者相契合时，他们更容易产生归属感和提高忠诚度，从而增强团队的凝聚力和稳定性。

提升个人效率和效果：通过有效的自我管理，管理者可以更加高效地规划和组织工作，减少不必要的浪费和延误。同时，情绪管理和压力管理有助于管理者保持冷静和理智，避免情绪化决策，提高决策的质量和准确性。这种个人效率和效果的提升，可以间接地提高整个团队的工作效率和提升业绩。

树立榜样和建立信任：德鲁克强调，管理他人的前提是能够管理好自己。一个能够以身作则、严格自我要求的管理者，更容易获得团队成员的信任和尊重。这种信任关系的建立，有助于团队成员更加积极地响应管理者的决策和指令，从而提高团队的整体效能。

可以说，自我管理是所有管理的起点，是管理者持续成长的调动点。

看完这些内容，辛经理与寇奇交流，探讨自己应该如何开始自我管理。

约好时间后，寇奇给辛经理发了一个小测试，请辛经理提前测试。

### 建立事半功倍习惯的问卷

（1）为什么有些人很优秀，却得不到认可？

● 明白自己的工作职责、角色定位和贡献。

● 因为有才华、知识和能力不一定出成果。

● 因为做事情有计划，但没按领导指示。

● 因为关注自己的职责，未得到认可。

● 因为领导没有一双发现人才的眼睛。

（2）如何成为一个高效的时间管理者？

● 争分夺秒，每时每刻都投入工作中。

● 做好事情分级，先处理重要且紧急事情。

● 每天详细记录自己花费的时间。

● 制订周密的计划，细化到5分钟。

● 合理利用碎片化时间。

● 确定最重要的事情，并分配完整的时间。

● 用心工作，不花大量时间处理人际关系。

● 保证参加会议的人数，避免重复沟通浪费时间。

● 不忽视领导的指示。

（3）关于用人所长，哪些说法是正确的？

● 长处是天生的，不会因为任何原因而改变。

● 如果只考虑长处，总有一些岗位没有合适的人做。

● 根据木桶原理，每个人都应该添补短板。

● 有些人的确是没有明显的长处。

● 某种能力，对于一个目标是长处，对另一个目标不一定是长处。

（4）关于建立积极的关系，哪些说法是正确的？

● 良好的人际关系是互惠互利。

- 主动与他人建立联系和沟通，展现友善和诚意。
- 敢于决断，不过度考虑他人的意见。
- 解决冲突时保持冷静和理性，寻求双赢解决方案。
- 少发表个人观点，免得引发冲突。

## 二、事半功倍的四个习惯

管理者需要找到能够让自己事半功倍的方法。在同样的资源条件下，不同管理者所取得的成果却大相径庭。这背后的原因，往往在于管理者能否找到并运用那些可以有效放大资源成果的"放大器"。这些"放大器"可能是创新的管理策略、高效的沟通方式，或是激发员工潜能的激励机制。它们能够将有限的资源转化为巨大的成果，帮助组织实现事半功倍的效果。

因此我们要看到，才华、能力并不等于贡献本身，真正出色的管理者，必须具备将这些资源有效整合和运用的能力，他们需要有意识去实践、反思和再实践，去找到自己事半功倍的"放大器"，也就是找到让自己事半功倍、卓有成效的习惯。

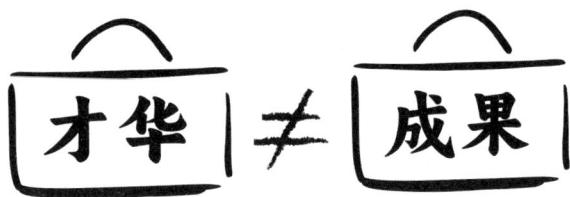

才华本身只是资源，不一定带来成果

很多新晋管理者一上岗，就急着去发号施令、指挥监督，去琢磨如何管理他人，或者大量学习外部的管理课程，却忽略了自己的学习和反思。新晋管理者首先要做好自我管理，只有有效管理自己，才能够管理和影响他人。管理是一门学问，同时也是一种实践，管理者需要在不断的实践中，锻炼管理能力，在正确的方向上不断前行，形成积极的习惯。

对话开始，辛经理分享了近期成果和收获，并询问开启"有效的自我管理"应该建立怎样的习惯。

寇奇询问辛经理做完"建立事半功倍习惯的问卷"后有什么感受，辛经理说，在做选择的过程中，能够感受到自己还有一些重要的概念和认识需要澄清，比如：如何才能够被重视，如何运用好时间，如何发现和运用长处，如何建立积极的人际关系等。辛经理也认为这些对于个人而言，是非常重要的。

寇奇对于开启自我管理，实现管理者事半功倍的四个习惯进行了一一介绍。

管理者需要建立起能够事半功倍的四个关键习惯，这些习惯将成为他们带领团队"登顶"的有力资源。通过对这四个习惯的学习、运用和反思，新晋管理者能够开启更广阔的疆域，修炼出整合资源和促使团队高效运作的能力。这四个习惯分别是：明确要求作贡献、集中时间办要事、发挥长处创机会和积极关系建影响。如果将一个团队比作一支登山队伍，这四个习惯在登山中各有作用。

1. 明确要求作贡献——登山地图

一个优秀的管理者首先会明确自己和团队的目标，并要求团队成员为这些目标作出贡献。他们深知，只有每个成员都明确自己的职责和任务，并为之付出努力时，整个团队才能取得成功。因此，管理者需要与团队成员进行充分的沟通，确保每个成员都清晰方向和目标。就像登山地图一样，地图清晰地标示出登山的路线、目标和地形，为登山队指引方向。这象征着管理者为团队制定明确的目标和路径，通过沟通和引导确保每个团队成员明白自己的角色和贡献，像登山队员一样共同朝着目标前进。通过这种方式，团队将集中发力、团结协作，每个人都能看到自己在帮助团队接近目标方面作的贡献。

## 四个习惯

"角色认知" ——→ 明确要求作贡献（贡献）

"目标达成" ——→ 集中时间办要事（时间）

"团队能力" ——→ 发挥长处创机会（长处）

"人际关系" ——→ 人际关系建影响（关系）

2. 集中时间办要事——GPS导航设备

时间对于管理者来说是最宝贵的资源之一。一个出色的管理者会懂得如何高效地利用时间，将精力集中在最重要的事情上。他们通过制定优先级、设定时间限制、避免琐碎事务的干扰等方式，确保自己能够专注于关键任务。像GPS导航设备一样，GPS在恶劣环境下确保登山队不迷失方向，始终保持在正确的路径上。同样，管理者需要像GPS设备一样，集中时间和精力在最重要的任务上，确保团队高效且准确地实现目标。通过有效的时间管理，管理者能够更好地应对复杂的工作环境和突发事件，保持团队的专注和动力，使每一步都迈向成功的顶峰。

3. 发挥长处创机会——登山队协同登顶手册

每个团队成员都有自己的长处和优势。一个优秀的管理者应擅于发现并发挥团队成员的长处，为他们提供发挥优势的机会。同时，管理者也会积极寻找团队内部和外部的机会，以推动团队的发展。登山队协同登顶手册详细记录了每个队员的特点、擅长，队员的分工安排，以及如何基于各自的长处进行协同工作。同样，管理者需要深入了解团队成员的长处，并有效地组织和协调团队，使每个人都能充分发挥自己的优势，为团队创造更多价值。通过这种方法，团队中的每个成员都能在自己的领域中发光发热，同时团队整体也能因为个体的出色表现而更加突出。

4. 人际关系建影响——登山通信设备

人际关系对于管理者来说至关重要。一个优秀的管理者会积极建立和维护与团队成员、上级、客户等各方面的关系，以提升自己的影响力。他们通过真诚、尊重和信任的方式与他人相处，赢得他人的信任和支持。登山无线电设备能确保队员之间、队员与基地之间顺畅沟通。同样，管理者需要积极构建和维护与各方的关系网络，通过建立良好的人际关系来增强团队的影响力和合作效果。良好的人际关系不仅有助于提升团队的凝聚力，还能在关键时刻获得外部资源和支持，使团队在面对挑战时能够更加从容和有力。

这四个习惯不仅能够帮助管理者提升个人效能，还能有效地组织和领导团队，推动团队朝着共同的目标迈进。通过明确目标、有效时间管理、发挥团队成员长处、建立积极关系，管理者能够在竞争激烈的职场中脱颖而出，带领团队在各种挑战中取得成功。这些习惯不仅是管理者的工具，更是他们成为领导者的关键路径，帮助他们在变幻莫测的职场中保持稳定和前进。通过不断学习和实践这些习惯，管理者能够不断提升自己的领导能力和团队的整体绩效，为组织的长期发展奠定坚实的基础。

寇奇给了辛经理一张表，邀请辛经理思考在团队中的管理实践，并且打分。（给每一栏打分，区间为1～10分，1分代表做得很不好，10分代表非常满意。）

表 1.8　管理实践评分表

| 习惯 | 行为识别 | 打分（1～10分） |
|---|---|---|
| 贡献——明确要求作贡献 | 是否定期设定具体的个人和团队目标<br>是否每季度与团队成员讨论他们的工作进展和贡献<br>在每次决策时是否考虑其对组织整体目标的影响<br>是否有制定并遵循一个问题解决的流程<br>是否每个月评估团队的贡献并提出改进建议 | |

续表

| 习惯 | 行为识别 | 打分（1～10分） |
|---|---|---|
| 时间——集中时间办要事 | 是否每天预留了一段时间专门处理重要任务<br>是否每周制定了任务优先级清单<br>是否定期审视和调整自己的时间管理策略<br>在处理突发事件时，是否有明确的应对策略<br>是否有拒绝不必要的会议和任务的标准和流程 | |
| 长处——发挥长处找机会 | 是否每季度评估团队成员的长处<br>在任务分配时是否考虑了每个人的优势<br>是否为团队成员提供了培训和发展的机会<br>是否每年为团队成员识别新的发展机会<br>在项目遇到困难时，是否利用了团队成员的长处来解决问题 | |
| 关系——积极关系建影响 | 是否每个月与不同部门的同事交流和分享信息<br>是否在团队中定期组织团队建设活动<br>在冲突发生时，是否使用积极的沟通策略<br>是否定期参加组织内的各种活动和会议<br>是否定期确认你的沟通方式对团队成员产生积极影响 | |

辛经理打完分后，描述道：

1.贡献

我觉得自己时常在琐事中迷失了方向，难以集中精力在真正有意义的工作上。比如，最近一个季度，我花了大量时间处理日常的行政事务，而没有足够的时间思考和推进部门的战略项目。尤其是在与领导高上斯的沟通中，我常常感到自己没能充分准备战略性提案，而更多的是处理一些琐碎的请求。虽然看上去很忙，但是发现并没有认真思考过自己应该做到的成果是什么。每次和上级都是沟通具体的工作内容，从来没有问上级对我的工作期待是什么、需要我作的贡献是什么。因此，我给自己打4分。

2.时间

在时间管理方面，我遇到了很多挑战。尽管我尽力阅读和处理大量的材料，但总感觉时间不够用，常常被任务压得透不过气来。比如，上个月我负责一个重要项目的同时，还需要应对多个突发事件，结果经常加班到深夜，即便如此，仍然觉得任务无法按时完成。在这个过程中，我与销售服务部的范平集经理合作时，发现我们部门总是因为临时任务而无法专注于项目的核心内容。刚上岗的时候，事情铺天盖地过来，我的时间管理四象限根本不起作用。每件事看上去都很重要，因为担心出错，每件事我都想自己做，结果自己越来越累。有些规划类、未来方向性的内容，根本没时间思考和行动。整体来看，我在这一维度上只能给自己打3分。

3.长处

我意识到自己没有很好地发现并充分发挥团队成员的长处。比如，在最近的一个项目中，我主要依据员工的工作量分配任务，而没有充分考虑他们的个人技能和优势，这导致项目进展不如预期。特别是，我没有充分利用下级郑大厂的外部信息搜集能力，反而让他处理一些内部的会议记录文件等。本来，我的管理原则是一视同仁，我希望用流程和制度来规范大家的工作和行为，却发现行不通。因为每个人都有自己的长处，同时也有短处，而且不同的任务对人的要求也不同，一些同事的长处也会因为目标的变化，变成了短处。我发现不能够用统一指令的方式来管理，我理解用人所长就是多欣赏、多表扬，但是并没有真正将长处和岗位结合在一起。对此，我只能给自己打3分。

4.关系

在建立和维护关系方面，我认为自己做得还不错。比如，我经常主动与其他部门的同事交流合作，并参与公司的各种社交活动，这帮助我建立了良好的工作关系网络。在与平级的陈主任合作时，我们通过定期的跨部门会议和活动，加强了沟通和理解。我愿意和其他部门沟通，也认可人际关系的重要性，但是一直不知道建立有效关系的底层逻辑是什么，虽然我知道仅仅依靠多交流聊天、多吃饭聚餐是远远不够的，但不知道还应该做什么。尽管还有提升的空间，但整体上我对自己的表现满意，因此给自己打4分。

寇奇敏锐地观察辛经理的肢体语言，察觉到他的自我评价并不高，这也为后续的改进提供了一个明确的方向，差距意味着有提升空间。

寇奇邀请辛经理回顾了三方会谈时的内容，当时提到了转身成功的四个标准，分别是角色认知、目标达成、团队发展和积极关系。

今天提到的这四个习惯对应着转身成功的四个标准。作为新晋的管理者，我们已经知道要做好自我管理，从这四个维度来打造事半功倍的习惯，是最好的选择。

要形成这四个良好的工作习惯，管理者需要不断地进行实践、反思和再实践。在实践中，管理者可以不断地尝试新的方法和策略，以找到最适合自己和团队的工作方式。在反思中，管理者需要回顾自己的工作过程和结果，找出自己的不足之处和需要改进的地方。管理者可以将反思的结果应用到实际工作中，不断优化自己的工作方式，实现事半功倍的效果。

寇奇给辛经理布置了两个作业，请辛经理回去完成：

（1）结合经理人成长三要素，对近期自己学习、实践、反思等进行记录，由此开启"四个习惯"的养成之旅。

（2）和自己的团队交流，从团队成员的视角来看贡献、长处、时间、关系四个维度的分数、希望在180天后达到多少分，以及分数对应的行为表现。

# 第五节 成长笔记：事半功倍是可以学会的

## 一、寇奇笔记

### 1. 阶段进展与反思

现在有越来越多的企业，开始重视管理者转身这件事，从前大家都以为只要被任命成为管理者，就可以开启新征程、收获新的成果了，实际上不是这样。管理者转身是非常重要的"临门一脚"，真正帮助企业能够夯实管理者的选拔和培养工作。"转身"工作做得不好，新晋的管理者不仅不能"从上任到胜任"，反而可能直接"从上任到下课"。

从技术专家到管理者的转变，是管理者在职业生涯中最重要的关键时刻之一。在这个关键时刻，需要意识转变、思维转变及行为转变。在这些转变前，需要新晋管理者理解自己身处的外部环境，即理解组织和同事的特点，并且树立"管理者从管理自己开始"的观念，建立事半功倍的习惯的理念，这样才能做到既能向外看，又能向内看。

第一，理解环境和人。新晋管理者应该深入了解组织的特点以及同事的特点。特定的外部环境导致管理者面临着"四个小妖"的追逐。管理者就像在组织的这个河流里面逆水行舟，不进则退。如果不能有意识地追求工作的有效性，那么就会变得越来越无效，越来越事倍功半。

第二，找到事半功倍之法。新晋管理者也应该认识到，成为管理者并不意味着手中拥有了更多的权力，可以对员工指手画脚，发号施令，而应该清楚，管理他人首先需要做好自我管理。也就是说，需要培养自己事半功倍的习惯，需要养成"始终明确贡献、集中精力办大事、有效运用长处、建立积极关系"的习惯。

辛经理作为新上任的管理者,在业务繁忙的情况下同时进行角色转换,这本身就是巨大的挑战。从和他沟通的过程,可以看到辛经理对于自我现状认知是比较清晰的,比如自己在组织中的状态。对于自己作为管理者应该培养事半功倍的习惯,也有清晰的评价和案例支持。这样清晰的认知,对于新晋管理者的顺利转身,有着良好的基础。

在四个习惯的打分环节,辛经理对于自己每个习惯的打分都不高,一方面的确有待提升;另一方面说明他对自己的要求很高,要求越高越容易有挫败感。在这种情况下,特别需要关注他的自我发展积极性。因为辛经理自己也是:自我指引、自我激励、自我发展、自我管理。

这四个事半功倍的习惯,哪一个的提升都不容易,还需要一步步开展,需要严格按照要求依次开展。

### 2. 下一个阶段计划

辛经理已经意识到外部环境的挑战,以及需要从"管理自己"开始转身。下一步将正式从明确角色认知开始,帮助他了解自己岗位的角色定位、职责和贡献要求是什么,这样才能以终为始地推进后续工作。

## 二、辛经理学习笔记

### 1. 阶段进展与反思

近期收获:理解了组织的特点、在公司面临的四种现实状态是什么。同时更加深入了解每个同事的特质,等等。

组织自身的特点,使管理者的工作很难有效,我不仅应该意识到这一点还应该清楚,组织特点带来的挑战,不仅影响我,也影响着我身边所有的同事。我也意识到,团队成员都是知识工作者,他们的工作和体力工作者有根本的区别,我应该了解他们的特质,意识到他们不是流水线上工作的工人，而是运用自己的智慧开展工作的人。

自我指引：作为管理者要给团队成员方向感，让他们明白自己工作的重要性和意义，有了清晰的目标，才会在工作中更有干劲，有更强的责任感，工作水平才能提高。

自我激励：要让团队成员有效能感，让他们觉得自己的努力有回报，激发工作的动力。而且，这种自我效能感也会在团队中传递，激励大家一同创造更出色的工作成果。

自我发展：要给团队成员成长感，这样不仅能不降低他们的竞争力，还能提高整个团队的水平，让大家更有创造力和适应力。不断成长，才能让自己和团队都越来越优秀。

自我管理：要让团队成员的工作有系统性，让他们给自己设定明确的目标，规划、组织自己的工作。进行时间管理、分配任务、设定优先级，团队成员就能有条不紊地工作，整个团队的协作效率也能逐步提升。

之前我总是对团队成员比较挑剔，认为他们的专业能力不如我。实际上，我应该看到他们的长处，用人所长，而不应该使用看上去"一视同仁"的简单化管理手段。他们都有自己的特点和长处，我应该多关注每个个体，而不能只关注事情。

表 1.9　四个习惯的提升目标

| 习惯 | 目前分数 | 目标分数 | 衡量标准 |
|---|---|---|---|
| 贡献：明确要求作贡献 | 4 | 8 | **目标设定与对齐**：每季度设定并对齐部门的目标与组织整体目标，能够清晰地向上级（高上斯）汇报自己和团队的贡献，并且这些贡献被认可<br>**战略思考与执行**：每个月花足够时间进行战略思考，确定并推进部门的核心项目，定期向上级汇报并调整战略计划，以确保与组织的目标一致 |

续表

| 习惯 | 目前分数 | 目标分数 | 衡量标准 |
|---|---|---|---|
| 时间：集中时间办要事 | 3 | 7 | **时间管理**：每天安排不被打扰的时间处理最重要的任务，能有效运用合适时间管理工具，每周进行回顾和调整时间安排<br>**优先级处理**：能够识别并集中处理对组织和团队最重要的工作，应对突发事件时保持冷静，并有效处理，以确保不影响主要任务的进展 |
| 长处：发挥长处找机会 | 3 | 7 | **长处与岗位匹配**：识别团队成员的长处，并将其与适合的岗位和任务匹配，通过具体的实例展示如何利用团队成员的长处来解决问题或提高绩效<br>**团队成员长处识别**：每季度评估团队成员的长处，并将任务分配与他们的优势相匹配，针对每个团队成员的技能和优势制订个人发展计划 |
| 关系：积极关系建影响 | 4 | 6 | **关系建立**：定期与不同部门的同事进行正式和非正式的交流，能够在团队内外建立并维护信任关系，并得到团队成员和其他部门的认可<br>**冲突管理**：在团队内部和跨部门合作中有效解决冲突，保持团队和谐，促进跨部门合作和信息共享 |

作为知识工作者，我的团队成员身上有哪些特点呢？

**郑大厂**：有大型互联网公司的工作经验，目前还在试用期。他拥有丰富的研发经验和广阔的外部视野，能够迅速掌握新技术和新知识。在工作中，郑大厂能进行一定的自我指引和自我激励。他有时会提出创新的思路和解决方案，为团队注入新的活力。他的加入不仅带来了新的技术，还增强了团队的整体竞争力。不过，他在自我管理方面做得还不够好，需要建立起来一些良好的工作习惯。

**徐后贝**：年轻的基层骨干，也是中层领导的后备力量。他以管培生身份加入公司，经过三年的努力，从职场小白成长为基层骨干。他勤奋好学，适应能力强，展现了出色的自我管理和自我发展能力。他能够迅速适应新的工作环境，接受新的挑战，凭借扎实的专业基础和出色的表现赢得了大家的认可。

**刘专嘉：**在本领域已有八年的工作经验，专注于技术研究和创新。他对自己的定位非常明确，就是成为行业内的专家。刘专嘉表现出极高的自我指引和自我发展能力，他对管理不感兴趣，而是致力于提升自身的专业素养和技术水平。他的深厚技术功底让他在团队中备受尊敬，经常为团队提供宝贵的技术支持和建议。

**2. 行动计划**

（1）下周工作中，关注我身边的四个小妖，并分析哪一个小妖对我影响最大？

（2）从下周开始，了解团队成员，了解他们的特质，关注他们的需求。

（3）与高上斯约时间进行交流，谈谈最近工作的收获和感悟。

# 第 二 章

# 角色认知，前行的罗盘

角色认知是转身的起点，聚焦贡献是角色认知的核心。

角色认知作为个人成长与团队协同的基石，要求个体清晰地理解自己在组织或团队中的定位、职责与影响力，为后续的行动指明方向；聚焦贡献，不仅意味着要将个人目标与团队愿景紧密结合，更强调了一种主动担当、积极作为的态度。通过不断审视并优化自身行为，确保每一项努力都能为团队带来正面价值，促进整体目标的实现。

# 第一节　对齐意味着什么

## 一、老路走不到新地方

按照原计划，辛经理和领导高上斯开启了本周的工作沟通，重点沟通自己对新任岗位角色定位的理解。辛经理汇报了近期工作进展和对工作的思考，并分享了自己面临的管理现实、对团队成员的观察、与寇奇对话后的收获，以及自我管理、实现事半功倍的四个习惯和提升方向。

对于第一个习惯——明确角色认知，辛经理表达了困惑，他知道自己肩负重任，却不知道如何明确自己的角色，建立清晰的目标，才能够成为团队的登山地图绘制者。

高上斯听了以后，对辛经理给予了肯定：现在的思考和视角和从前比的确有了很大的变化。随后，高上斯与辛经理分享了自己刚成为新经理时的经历：

从技术专家晋升到管理人员，是我们职业生涯中非常重要的一次变化。当年我刚晋升的时候，也面临同样的变化，以及变化带来的挑战。作为一名技术专家，我曾经专注于解决技术难题，享受着个人专业突破带来的成就感。当时，我刚从技术专家晋升为团队负责人，负责一个重要的新项目。之前在技术岗位上的成功经验让我认为只要自己继续埋头苦干，项目就能顺利完成。我依然习惯于自己解决所有的技术问题，而没有充分调动团队成员的力量。结果，我花费大量时间在新知识学习和技术细节上，忽视了项目整体的进度管理和团队管理。与此同时，公司不仅期望我能带领团队完成项目，还希望我能传递公司的文化并培养团队成员。但我依然只关注技术层面，没有花时间了解团队成员的职业发展需求，也没有主动传递公司的价值观。这些都是我成长中的教训。

老路走不到新地方

所以，你面临的变化，不仅是职务名称的调整、办公场合的调整，正如任姿在三方会谈上提到的，还有三个方面的重要变化。

我喜欢登山，就用登山为例来比喻吧：

身份的转变——不再是一个人战斗。在登山的旅途中，你原先可能只是一个热衷于徒步的独行侠，享受独自征服山巅的成就感。但如今，你已经成为"领队计划"的一员，成为一支登山队的队长。你不再是一个人战斗，而肩负着带领整个团队前行的责任。你所追求的目标也不再仅仅是个人的登顶纪录，而是确保团队的每个成员都能安全、顺利地达到山顶。这时候，你自己登顶不算成功，必须所有人登顶才算成功，而这个目标的实现，需要大家共同的努力，你没有办法代替每一个人努力。

关系的转变——登山之初，你和队员都属于一个队伍，在队长的带领下各司其职，共赴目标。但你成为队长后，你与队员之间的关系发生了微妙的转变，从平级的队员，变成了上级的队长。你依然是他们信赖的伙伴，但现在你还需要扮演一个领导者的角色。你需要在保持兄弟情谊的同时，思考如何有效地带领团队，如何激励他们面对困难，如何确保团队的凝聚力和向心力。这个时候，可能会面对质疑：凭什么你能带领他们？

要求的转变——作为普通队员时，你只需要关注自己的身体状况、装备状态以及登山路线。只要确保自己能够安全登顶，就达成了目标。但现在你是队长，公司对你的要求远不止于此。你不仅要带领团队成功登顶，还要传递公司的文化和价值观，确保团队成员在攀登的过程中不断成长、不断进步。此外，你还需要承担起培养新人的责任，为团队输送更多的新鲜血液和力量。这个时候，你要兼顾的事情很多，要关注登山的进度，更要关注队员的健康安全，要给队员们下达里程碑目标，又要思考如何去激励他们前行，要身先士卒地行走在前方，更要有计划地运用每个人的特点去有效地组合队伍，并且发展他们的能力。

这样的一些变化，都随着你的晋升任命而发生，看不见、摸不着但是真实存在着。俗话说，老路走不到新地方。在这样的前提下，的确需要思考你的角色定位。关于这部分，我们要进行对齐。寇奇有专业的角色对齐工具，你可以先去请教他，学习一下，如何进行角色认知的梳理，然后我们再进行深度的沟通确认。

## 二、抛弃昨天，角色对齐

高管教练马歇尔·戈德史密斯曾经做过一个调查，请5000名成功的专业人士评价自己，结果大部分人都觉得自己比别人优秀，甚至有80%～85%的人认为自己是最优秀的人之一。过往的成功经验会使人过于自信，所以你在非常自信时反而需要有所警惕。你可以把"我过去这样成功过"当作一个警惕标识，一旦脑子里蹦出类似的想法，就应该重新检视自己坚持的意见和打算采取的行动，想一想这是惯性的驱使，还确实有必要性。

德鲁克在《卓有成效的管理者》中提到：管理者失败的最常见的原因，

是不能或者不愿按新职位的要求作出改变。管理者履职之后，如果只是重复在曾经的岗位上做得很好的事，几乎必定失败。无数的案例都说明一个道理：老路走不到新地方。

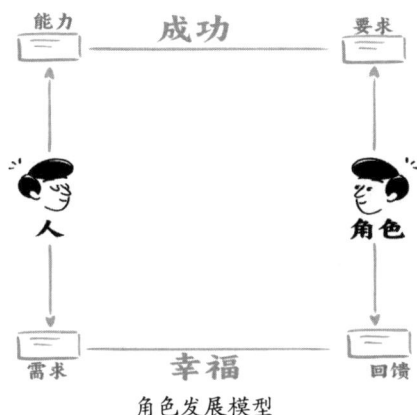

角色发展模型

这个模型叫作角色发展模型，帮助我们看到人与角色匹配的全貌，寇奇提到的角色认知，主要针对的就是右边的"角色要求"和"角色回馈"。每个人都有自己的能力和对回报的需求；每个角色也有相应的能力要求，以及对应的回馈。在职场的环境中，每个人是否"成功"，取决于个人能力是否满足角色的要求；而每个人是否有幸福感，取决于这个角色的回馈，是否能够满足人的需求。

显而易见，当一个人的角色发生变化时，岗位的要求和组织的回馈也会相应地发生变化。这种变化意味着过去在旧岗位上的成功方式可能不再适用于新岗位，因此需要进行角色的重新对齐。

以一个单身男性走入婚姻家庭的角色变化为例：

表 2.1　男性婚姻角色变化

| 角色 | 角色要求 | 角色回馈 |
| --- | --- | --- |
| 单身男性 | 独立生活能力：处理日常事务 | 自由度：拥有更多的个人时间和空间 |
| | 时间管理能力：平衡工作和个人时间 | 灵活性：自由决定生活方式和日程安排 |

续表

| 角色 | 角色要求 | 角色回馈 |
|---|---|---|
| 单身男性 | 社交能力：与朋友和同事保持良好关系，处理人际关系 | 经济独立：完全控制收入和支出 |
| 丈夫 | 沟通能力：有效地与伴侣和家庭成员沟通，处理冲突和差异 | 情感满足：来自伴侣和家庭成员的爱和支持 |
| | 协作能力：与伴侣共同承担家庭责任，如育儿、家务等 | 稳定性：情感和生活上的稳定 |
| | 情感支持能力：提供并接受情感支持，理解和关心伴侣的需求 | 共同成长：与伴侣一起成长和发展，分享生活中的喜怒哀乐 |
| | 责任感：承担更多的家庭责任和义务，如照顾家庭成员、财务规划 | 社会认可：家庭角色在社会中获得的认可和尊重 |

在单身时期，个人主要依赖自己独立生活的能力、时间管理和社交能力，获得更多的是自由度、灵活性和经济独立。而进入婚姻家庭角色后，沟通能力、协作能力、情感支持能力和责任感变得尤为重要，同时角色回馈也转变为情感满足、稳定性、共同成长和社会认可。

角色转换带来了能力要求和角色回馈的显著变化，成功调整角色需要提升新的能力，以适应新的家庭责任，并从中获得新的满足和回馈。

同样，在组织中，当晋升为新的角色后，对应的角色要求和得到的回馈也有了新的内涵：

（1）角色要求：新的角色可能需要不同的技能、能力和工作方式。个体需要评估自身的能力和新岗位的要求之间的差距，进行必要的技能提升和能力开发。

（2）角色回馈：新角色可能有不同的绩效评价标准、激励措施、工作环境、发展机会。个体需要了解和适应这些变化，调整自己的工作方式和期望，以适应新的工作。

因此，需要进行角色的重新对齐，告别过去的成功。重新对齐新的角色需要做到以下几点：

（1）评估自我与环境：通过评估自己的能力、需求、价值观和兴趣，找出与新岗位要求之间的差距。

（2）学习与适应：通过培训、学习和实践，培养自己在新岗位所需的技能和能力。

调整期望与行为：根据新岗位的要求和组织的回馈，调整自己的期望和工作行为，确保与新岗位匹配。

技术专家作为个人贡献者，曾经是成功的，而当成功的技术专家晋升为新晋管理者，一切都发生了巨大的变化。正如高上斯所说，辛经理已经从一个"孤胆英雄"，成为一个团队领导者，承担着带领团队成员达成组织绩效的责任，辛经理必须看到，从工作的性质到工作的能力，都对自己有着新的要求，不同的岗位需要的能力要素更是完全不同的。

新晋管理者往往希望点燃三把火，踌躇满志地开展工作，但是如果没有与组织和上级进行充分的沟通和对齐，想法往往与公司的整体战略不匹配，导致团队的工作方向偏离了正确的轨道，从而导致重大的角色冲突。最终，新经理的"热情"变成了"折腾"，不仅浪费了大量的时间和资源，还影响了团队的士气和效率。最终导致了新晋管理者转身失败的情况。

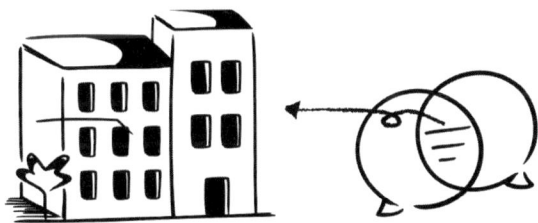

对齐——与组织同步，与上级同频

向上对齐有两个重要的作用：

（1）与组织同步：确保个人和团队的目标与组织整体战略保持一致，还涉及角色定位、价值观、能力发展等多个方面，明确个人对组织的贡献。

（2）与上级同频：通过与上级的对齐，能够向上级了解其对岗位的期待，如果能够了解对岗位的期待，可以实现以下目标：

● 明确的目标：了解上级对自己角色的期待，帮助新经理快速明确工作目标和重要优先级，建立共同的目标感。

● 顺畅的沟通：通过理解上级的期望，能够更有效地与上级沟通，减少误解，确保信息传递的准确性和及时性，这也是让上级放心的前提。

● 效能的提升：明确上级的期待后，新经理能够更有针对性地制订工作计划和策略，从而提升个人和团队的工作效率。

● 持续的发展：了解上级的期望是新经理职业发展的基础，有助于新经理明确自己的职业路径和发展方向。

因此，作为新晋的管理者，要想快速"从上任到胜任"，不要着急，而是从事半功倍的第一个习惯开始：向上和组织对齐自己的角色要求。

# 第二节　角色认知对齐表
## ——新晋管理者的攀登指南

## 一、六步带你进行角色对齐

辛经理和寇奇开始了教练对话。对话中，辛经理分享了高上斯用登山来比喻三个转变，这让自己印象深刻。之前只是知道自己的角色发生了改变，但是并没有想过具体发生了哪些改变，这些改变又意味着什么。

因此，面临这些改变，需要进行对齐。那么，如何对齐呢？

寇奇给辛经理一张角色认知对齐表，通过这张表可知整个角色认知对齐的过程，共有六个步骤，分别是：愿景、角色、理念、能力、行动、资源。

角色认知对齐模型

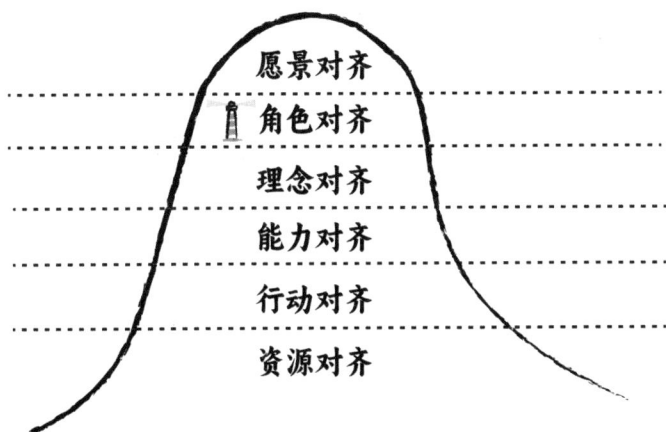

寇奇介绍道：

的确，团队领导者就是不断带领团队登山。登山是一个项目性的工作，需要确定目标，赋予意义；有领队、有队员、有分工，需要装备，需要攀登计划、风险预案等，这不是一场说走就走的旅行，而是需要规划统筹的长距离项目性工作。山峰是一个目标，团队所有的人登上山峰才算成功，因此，这也是一个强大团队集体实现目标的重要过程。

关于角色认知的对齐，很多人的理解非常有局限性，以为就是讲清楚这个角色应该做哪些事情，应该承担什么绩效指标，其实没这么简单。下面按照这个步骤来进行对齐，可以借助这六步来帮助你进行系统的思考和规划。了解后先自己梳理，然后和高上斯当面对齐。

第一步：愿景对齐

愿景是山顶，也是山顶上的那面旗帜，它是我们登山的目的，更是登山的意义，这是使命驱动，指引着攀登团队的前进方向，确保所有的努力都向着共同的目标进发。确定愿景和目标就像为一场艰难的攀登绘制详细的路线图和设立顶峰的标志。这不仅决定了我们要征服哪座山峰，还明确了我们如何一步步接近巅峰。

明确该领域工作的未来方向，就是期望的样子。例如，可以与上级明确产品研发部的愿景，了解公司未来五年的市场战略和销售目标，以确保研发团队的努力方向与公司整体战略保持一致。

需要思考的问题是：我所在的部门负责的领域，未来的发展方向是什么？如何按照计划达成，应该实现怎样的愿景？我带领的团队要攀登的这座山，山顶的那面旗帜上，写着什么呢？

第二步：角色对齐

登山过程中，每个人都扮演着不同的角色，在攀登高峰的登山队中，各成员通常分工明确，包括负责整体规划和决策的队长、熟悉路线并提供技术支持的向导、主要任务是攀登的攀登者、运送装备和物资的高山背夫、提供医疗支持的医务人员、记录登山过程的摄影师、协调物资等的后勤人员以及负责与外界联络的通讯员，这些角色共同合作，确保登山过程的安全和成功。

同样，每个组织都有自己的架构设计，有部门和岗位的设计，每个岗位都是独一无二的，都有自己特定的角色定位、职责和贡献要求。例如，新任人力资源经理可以与上级讨论自己在公司中的角色定位、重点职责，如制定人力资源政策、优化员工福利待遇等，以及应该对组织作出的贡献（直接成果、价值观传承、人才培养），以确保自己的工作重点与公司需求相匹配。

需要思考的问题是：我这个部门经理对于公司而言，扮演着怎样的角色？我的工作职责有哪些？对于公司而言，希望我作出哪些贡献呢？我要实现的直接成果是什么？我要传递的价值观文化和理念是什么？我应该如何培养团队的人才？

第三步：理念对齐

在登山过程中，领队就像队伍的指南针和灵魂，他不仅带领团队安全登顶，更通过自身的行为和决策传递登山精神和理念，激励队员们在极端条件下保持坚韧不拔的信念、团队合作的精神以及对自然环境的尊重，确保每一次攀登都不仅是体能的挑战，更是精神的洗礼和升华。

新晋管理者需要与上级沟通岗位应该秉持的价值观。例如，新任项目经理可以与上级讨论项目团队的核心价值观，如客户至上、团队合作等，以确保团队成员在共同价值观的指引下高效协作。

需要思考的问题是：我作为部门负责人，应该如何传承公司的企业文化价值观？在团队管理方面，应该秉持怎样的理念？在制定团队的工作流程和规则过程中，如何贯彻这些理念呢？

第四步：能力对齐

在登山过程中，每个队员都像是攀登这座险峰的关键齿轮，只有每个人都具备自己角色所需的能力，才能确保整个登山队如同精密的机械般高效运转，面对极端环境时能够互相支撑、协同作战，最终安全、成功地登顶。

对每个成员的能力进行客观评估，了解他们各自的优势和劣势，以及整个团队在哪些方面具备强大的能力，哪些方面需要改进。了解和沟通岗位所需的能力要求、自身的能力现状和提升计划。例如，新任产品经理可以与上级讨论产品经理岗位所需的关键能力，如市场调研能力、产品规划能力等，并制订相应的提升计划以提升自己的能力水平。

需要思考的问题是：作为车联网软件研发部的负责人，我所在的管理岗位对我有哪些能力要求？对于这些能力要求，哪些我做得不错，哪些还需提升？

第五步：行动对齐

在登山过程中，行动计划和步骤就像是通向峰顶的路线图和每一步的脚印，只有制订清晰的计划和按部就班地执行，才能在面对未知的险境时保持方向和节奏，避免迷失和危险，最终稳步、安全地到达顶峰。像登山者制订详细的登山计划，包括每个阶段的路线、休息点和与其他登山者的沟通方式。

与上级对齐的行动计划，包括具体的工作计划、时间表和沟通方式等。例如，新任运营经理可以与上级讨论下季度的运营计划，包括关键指标、优化措施等，并制定相应的执行方案以确保计划的顺利实施。<u>这是在对齐要事。</u>

需要思考的问题是：<u>接下来我的部门需要重点推动的工作有哪些？有哪些重要的工作里程碑？我与上级、平级应该用哪些方式来共享信息？</u>

第六步：资源对齐

识别环境挑战和所需资源就像在攀登前仔细阅读天气预报和准备装备清单，只有充分了解可能遇到的困难并准备好相应的资源，才能在面对突如其来的暴风雪或险峻的冰壁时游刃有余，确保攀登的安全和成功。在山脚，诸如登山者在攀登过程中的装备检查等，可能需要向导、其他登山者的帮助或联系救援队伍。

要和上级确定或者告知可能面临的挑战和需要的资源。例如，新任财务经理可以与上级讨论公司在财务方面可能面临的挑战和需要的支持，如资金筹集、成本控制等，并制定相应的应对策略以确保财务工作顺利进行。

需要思考的问题是：<u>针对以上需要推动的工作，我的挑战有哪些？需要得到哪些方面的资源？我应该如何去得到这些支持呢？</u>

这六个层次就像一座山，逐渐达到每个层次就像从山顶到山脚的过程，从仰望星空到脚踏实地的过程。

通过对六个层次的梳理，能够将战略意图转化为行动，并且能够实现上下一致。

## 二、辛经理的角色对齐表

结合以上寇奇的介绍，辛经理回去用了一天的时间进行了一个自我的梳理，结合自己部门的工作职责，以及自己对于公司战略意图的理解，完成了六个维度的对齐：

**第一步：愿景对齐**

车联网软件研发部作为公司产品线上的重要一环，未来的发展方向是开发高效、安全、用户友好的车联网产品，为客户提供卓越的驾乘体验。我们致力于成为业内领先的车联网解决方案提供者，推动智能化、网联化和电动化的发展，并促进智能交通和绿色出行的实现。

为了达成这一愿景，需要做到几点：深入了解用户需求，快速响应市场变化，推出符合市场需求的产品；不断探索前沿技术，提升软件架构和功能设计水平；建立严格的测试和验证流程，确保产品的高质量和可靠性；与其他部门密切合作，确保产品开发和市场推广的顺利进行。

**第二步：角色对齐**

作为车联网软件研发部的负责人，我在公司中扮演着领导者、协调者和质量保证者的角色。我的职责包括带领团队完成车联网产品的研发和优化，确保项目按时、按质完成；协调部门内外部资源，确保跨部门合作的顺利进行；监督产品测试和验证流程，确保产品达到高质量标准。公司希望我能通过优化流程和技术，提升研发效率和产品质量；引领技术创新，开发具有竞争力的车联网产品；通过对市场和竞品的分析，为公司提供战略建议，提升产品市场竞争力；培养团队成员的专业能力和合作精神，提升团队整体实力。

**第三步：理念对齐**

作为部门负责人，我将传承公司的企业文化价值观，主要体现在创新精神、客户至上、团队合作和追求卓越等方面。我会鼓励团队成员勇于创新，尝试新技术和新方法，不断提升产品的竞争力；始终以客户需求为导向，确保产品满足用户需求，提供卓越的用户体验；倡导团队合作精神，鼓励成员之间的相互支持和协作，打造和谐高效的团队；坚持高标准严要求，追求产品和工作的卓越表现，不断提升部门的整体水平。

在团队管理方面，我将秉持以人为本、透明沟通、目标导向和开拓创新的理念。关心团队成员的职业发展和个人成长，提供培训和发展机会，用人所长，激发成员的潜力；建立开放透明的沟通机制，确保信息流通顺畅，及时解决问题；明确团队目标和个人目标，制订清晰的工作计划和评价标准，确保工作有序推进；制定合理的激励机制，鼓励成员积极创新和高效工作，提升团队的整体士气和动力。

### 第四步：能力对齐

作为车联网软件研发部的负责人，我的岗位对我有以下能力要求：深刻理解车联网技术和软件开发技术，具备解决复杂技术问题的能力；具备项目管理知识和经验，能够有效规划和管理研发项目；能够分析市场动态和竞品情况，为产品规划提供有力支持；能够激励和引导团队成员，提升团队的整体效率和凝聚力；能够与其他部门和外部合作伙伴进行有效沟通，确保项目顺利进行。

在这些能力中，我的优势有：具备丰富的车联网技术和软件开发经验，能够解决复杂的技术问题；有一定的项目管理经验，能够有效规划和管理项目进度。需要提升的方面包括：进一步加强对市场动态和竞品的分析能力，为产品规划提供更准确的支持；提升对团队成员的激励和引导能力，打造更具凝聚力和高效的团队；加强与其他部门和外部合作伙伴的沟通协调，确保项目顺利进行。

### 第五步：行动对齐

接下来，我的部门需要重点推动的工作包括：按照市场需求和公司战略开发新一代车联网产品；持续优化现有产品的性能和功能，提升用户体验；完善产品测试和验证流程，确保产品质量达到高标准；定期进行市场调研和竞品分析，为产品规划和迭代提供支持；加强团队培训和发展，提升团队整体技术水平和合作能力。

重要的工作里程碑包括：完成产品需求分析，明确新产品的功能需求和技术方案；实现开发阶段性目标，完成关键技术模块的开发和初步测试；完成产品的全面测试和验证，确保质量；正式发布新产品并推向市场；收集和分析市场反馈，进行产品优化和迭代。

我与上级、平级应该通过以下方式共享信息：召开定期项目会议和部门会议，汇报工作进展和问题；定期提交工作报告，详细说明项目进展、问题和解决方案；利用即时通信工具（如邮件、微信等）进行及时沟通，解决突发问题；与其他部门建立紧密的合作机制，确保信息流通和资源共享。

**第六步：资源对齐**

针对以上需要推动的工作，我面临的挑战包括：新产品开发需要攻克多项技术难题，确保产品功能和性能达到预期；车联网市场竞争激烈，需要及时了解市场动态和竞品信息，快速响应市场变化；需要提升团队成员的技术水平和合作能力，打造高效、有凝聚力的团队；需要协调内部和外部资源，确保项目顺利进行。

需要得到的资源包括：公司提供技术培训和技术支持，提升团队的技术能力；市场调研和竞品分析支持，及时了解市场动态；团队培训和发展资源，提升团队整体水平；其他部门的协作支持，确保项目顺利进行。

我应该通过以下方式得到这些支持：定期向上级汇报工作进展和资源需求，争取上级的支持；主动与其他部门建立协作机制，确保资源共享和信息流通；组织内部培训和技术交流，提升团队技术水平；寻求外部技术支持和合作伙伴，共同解决技术难题。

## 三、贡献就是灯塔

寇奇阅读了辛经理的表格，认为辛经理的描述非常详细，已经进行了深度的思考。同时提醒辛经理，角色对齐的部分还需要更加清楚描述，因为现在的内容更多是岗位的职责和工作内容，更需要呈现的是岗位贡献。

寇奇回答了辛经理的疑惑：

在公司的《管理者手册》里有三个维度八个职责，这三个维度是拿结果、带团队、建系统，不过这三个还只是通用的管理者职责，接下来要根据业务要求、岗位角色，明确自己的岗位贡献。

很多人对于这两个词，概念比较模糊：岗位职责、岗位贡献。

想象一下，假设你是一名制作登山手杖的工作坊负责人，每天在你的工坊里带领团队根据质量标准和要求，精心打磨着手中的工具。你的职责是确保每一个手杖都符合质量标准，能够正常使用。你按照规定的步骤和流程操作，确保每一道工序都准确无误。尽管你完成了自己的职责，但你是否曾停下来思考过：这些工具的真正价值是什么？它们对于使用它们的客户来说意味着什么？

登山杖的价值

职责：打造坚固的登山杖
贡献：提供安全感和信心

有一天，你遇到了一个客户。他告诉你，他需要一把能够在崎岖山路上平稳行走的登山杖。你按照职责，为他制作了一把坚固耐用的登山杖。但是，当你将成品交给他时，他微笑着摇头，表示这并不是他真正需要的。他需要的不仅仅是一把登山杖，而是一个能够为他提供安全感和信心，让他能够勇敢攀登高峰的伙伴。

这时，你突然意识到，真正的贡献不仅是完成职责，更是基于常规的职责描述，去理解和满足客户的需求。于是，你开始深入了解这个客户的登山经历、目标、需求和期望。你重新设计了登山杖，让手柄防滑、可调节高度等。当你将这把新的登山杖交给客户时，他的眼中闪烁着兴奋和感激的光芒。他告诉你，这把登山杖不仅让他在山路上行走得更加稳健，更重要的是，它给了他攀登高峰的信心和勇气。

这个故事告诉我们，职责只是我们工作的基本要求，而贡献则是我们通过行使职责、满足特定客户需求所创造的价值。当我们只关注自己的职责时，可能会陷入一种机械式的工作状态，无法真正理解和满足客户的需求。而当我们关注上下游的客户需要我们"做到"什么时，我们才能够创造出真正的贡献，为组织带来更大的价值。

表2.2　岗位职责与岗位贡献

| 岗位 | 解读 |
| --- | --- |
| 岗位职责 | 岗位职责是员工在特定岗位上需要承担的任务和职能。这些职责通常是由公司或组织明确规定的，包括员工需要完成的具体工作内容、任务分配和工作范围。描述了员工应该如何完成工作，以及他们需要承担的职责范围 |
| 岗位贡献 | 岗位贡献更侧重于员工在其岗位上对组织或公司的价值和贡献。这包括员工工作成果、创新能力、解决问题的能力以及对团队合作的贡献。岗位贡献强调的是员工如何通过其工作行为和成果为公司的目标和成功作出贡献。有三个维度：为组织经营"拿结果"、为团队运作"建系统"、为公司可持续发展"带团队" |

管理者不应只满足于完成职责，更要努力超越职责的界限，去关注和理解客户的需求，为他们创造出更多的价值。这样，管理者才能真正成为组织中的贡献者，实现自身的价值。

比如，问公司的管理者："你的贡献是什么？"在以下的这些回答里，你觉得哪些是描述贡献的？

A. 我负责销售。

B. 我管理整个营销团队，总共120人。

C. 我分管审计和财务。

D. 我负责研究顾客需要怎样的产品。

E. 我负责助力公司的工作流程更加顺畅，帮助各个部门工作更有效率。

F. 我负责为客服部门及时解决客户的反馈。

D、E、F是对贡献的描述，可以看出在描述中有个特别重要的关键词是"客户"，当我们在思考贡献的时候，不仅要知道"需要做什么"，更要清楚"为谁做到什么"，一定要清楚我们为谁开展工作，这项任务的受益人是谁。

识别贡献的三个提问

关于如何明确自己的贡献，寇奇建议辛经理去询问他们的对接方，也就是公司里他们部门的上下游部门。这三个问题是：

问题1：为了你达成绩效，我可以做些什么？以什么形式或者方式？

问题2：为了你达成绩效，你希望向我了解专业领域的哪些内容？

问题3：为了你达成绩效，你希望我了解你专业领域的哪些内容？

第二天，辛经理召集了几个部门同事，并邀请了经常和研发部对接的销售服务部负责人范平集及范经理团队的关键成员，举行了一个沟通会，会议的主题就是请两个部门的同事都来回答这三个问题，看看研发部认为

"客户的回答"和客户真实的回答是否一致。两个小时的会议结束后，辛经理和团队成员有两个感受：一个是"收获满满"，一个是"大跌眼镜"。

辛经理意识到，与销售服务部门之间存在的差异不仅是沟通方式一方面，更涉及双方的专业认知差异。

在与销售服务部的关键成员交流过程中，我深刻感受到他们对于我们所提供的专业服务的期待与我们自身的认知存在明显的偏差。这种认知上的差异让我颇感意外，也让我反思我们在与其他部门沟通中可能存在的盲点。我们过于专注自身的专业技能和服务水平，却忽视了客户和合作伙伴的真实需求和期待。这种情况的发生，既是我们对外沟通不畅造成的，也反映了我们在客户需求理解上的不足。

随后，辛经理在《角色认知对齐表》上，对于自己的贡献进行了重新梳理，尤其是增加了对客户的描述。

表2.3　修改后的角色认知对齐表——角色对齐维度

| 维度 | 贡献 | 描述 |
| --- | --- | --- |
| 拿结果 | 提升市场竞争力 | 通过定期进行市场调研，分析竞争对手，并提出产品改进建议，帮助公司在市场上占据优势地位，从而推出更具市场竞争力的产品。客户因此可以获得更符合需求、价格合理的优质产品 |
| | 推动技术创新 | 通过开展技术研发并跟踪行业前沿技术，我们确保公司的产品在技术上始终保持领先地位，从而引领技术创新，开发具有竞争力的车联网产品。这使得客户能够享受到最新的科技成果和更智能的驾驶体验，让他们极大受益了 |
| 建体系 | 流程标准化 | 通过制定并实施高效的开发流程，并采用先进的技术和工具，缩短了产品开发周期，提高了产品质量，提升各部门的工作效率。这样一来，客户能够更快地使用高品质的车联网产品，确保每个项目都能按时高质量交付，使客户受益匪浅 |
| 带队伍 | 加强团队建设 | 通过组织团队培训、建立激励机制和营造积极向上的团队氛围，团队成员更有能力和动力，打造公司人才梯队，提升团队整体实力，从而提高产品的开发效率和质量，为客户提供更好的产品和服务体验 |

随后，辛经理召集了团队成员，将角色对齐表的内容，以及贡献方面几个维度的内容进行了分享和探讨。分享内容包括：从上到下的角色对齐和如何明确贡献。然后将整理后的文件发给了高上斯并抄送寇奇，这个文件是下次和高上斯进行沟通的准备材料。

# 第三节　贡献视角识别人

辛经理最近面临了一些烦心事。部门刚招聘了两名新员工，但是事情并没有像他预期的那样顺利进行。第一位新员工在不久前提出了离职，理由是感觉无法适应工作环境。另一位新员工虽然工作态度很积极，也很勤奋，但总是迟疑和不够自信。虽然他努力工作，但辛经理觉得他似乎还没有真正适应团队的工作节奏和团队文化。两位员工的离开，让辛经理感到困惑和失望，在面试的时候感觉他们是志同道合、能力匹配的，没想到最后是这样的结果。现在，团队正处于需要更多人才的时候，但是却陷入了困境。他不知道该如何解决这些问题，如何确保团队能够顺利运转，如何能招募到符合要求的人才。

## 一、识人的陷阱

在教练对话中，辛经理向寇奇分享了最近新员工试用期遇到的问题，并且表示现在遇到的问题有点棘手。寇奇针对辛经理面临的挑战，结合自己的经验，对常见的招聘误区进行了讲解。

新经理在完成角色对齐后，最重要的一件事情就是根据岗位进行排兵布阵了。在这个时候，如何识人就非常重要。试用期员工有一定的淘汰率，除非符合企业宽进快出的策略，如果试用期被淘汰，原因主要有以下三个：

试用期不通过的原因

### 1. 企业文化不兼容

新员工可能无法适应或接受公司的企业文化，包括价值观、工作方式和沟通风格等。当员工与公司的文化存在明显差异时，他们可能会感到不适或难以融入，这可能导致他们在试用期内离职。尤其是一些来自"强文化"公司的员工，更需要在文化方面进行引导，甚至需要用很长的时间来进行融合。

### 2. 岗位理解不到位

部分员工在试用期内对岗位的理解不够深入，对工作的重点、职责和期望成果不明确。这可能导致他们无法有效地履行自己的职责，或者在工作过程中偏离了正确的方向。此外，缺乏明确的目标感也可能使员工在试用期内感到迷茫和不安，进一步影响他们的表现。尤其是一些业务繁忙的企业，业务压力大，没有精力关注对新员工的辅导。

### 3. 选拔环节有偏差

虽然可以进行丰富的面试技巧培训，比如学习成为金牌面试官的方法，运用STAR、BEI、无领导小组讨论等方式来进行面试，但是，能力不代表成果，这样选拔出来的人能不能出绩效，还依靠经验、能力，以及学识、性格、沟通表达能力等。即便如此，这些都只是资源输入，不是绩效本身，也不代表着就真能更有效地判断候选人是否可以拿到绩效成果。

辛经理的两位新员工出现这样状况的原因，有可能是文化融合问题，以及岗位目标沟通问题，这在试用期是非常常见的，这也是试用期员工特别需要引导和辅导的原因。

上述第三点人才选拔过程的偏差，隐藏在前两点原因中，这是最常见和最难发现的问题。一个全是优秀球员的球队，不一定就能够成为冠军团队；同样，一个全是"人才"的团队，不一定就是有战斗力、能打胜仗的团队。

为了更好地识别人才并减少不合理的淘汰，管理者需要以终为始的视角，关注那些真正有贡献的人，而非那些未能展现贡献的人。然而，常规的面试提问往往无法充分评估候选人对贡献的关注程度。

## 二、有效人才的画像

关于人才选拔的解读，引发了辛经理的反思，他向寇奇提到最近入职的新同事——郑大厂。

我们部门有个新来的研发工程师，叫郑大厂，毕业于知名大学炙手可热的专业，在某大型互联网公司工作过四年，有丰富的项目经验。我观察到他思维和谈吐都不错，准备招进来做储备人才的，但是现在两个月过去了，现实和我的期待差距有点大，我还真的担心这个人的入职是错误的。虽然他没有犯错误，或者有明显的能力欠缺，但是我总觉得差点什么。比如，每次沟通工作任务目标的时候，他的目标都在安全区，一看就比较容易达成；还有入职以后，主动和其他相关部门同事的沟通也比较少，可能是觉得自己来自大型互联网公司，能够自己完成工作的事情。有些项目组的同事，都没有感觉到他来了以后有什么帮助。我们当时招聘的时候相谈甚欢，觉得他各方面都不错，应该能够快速出成绩，现在却越来越觉得这是一场"招聘事故"了。

寇奇说，听上去郑大厂是一个能力和素质不错的人，能力和素质是他有用的资源，但如果资源不能围绕着"贡献"来发挥，这些资源对于组织而言，就是浪费，是典型的"人岗不匹配"，意味着没有选对人或者没有把人用好。

寇奇向辛经理了解公司一般的面试流程和相关支持文件。

辛经理向寇奇展示了一个公司常见面试问题库，这是一个非常普遍且非常成熟的问题库，公司所有的管理者都在使用这个工具。

表2.4　常见面试问题

| 项目 | 常见面试问题 |
| --- | --- |
| 个人信息 | （1）请简单介绍一下你自己<br>（2）请简单介绍一下你的学习和实践经历<br>（3）请简单介绍一下过往的工作经历<br>（4）你为什么选择这个职位/公司 |
| 动机 | （1）为什么选择这个专业<br>（2）为何么选择我们公司<br>（3）为什么离开上家公司 |
| 自我/岗位认知 | （1）你的优势是什么<br>（2）你如何评估自己的工作表现<br>（3）你对这个职位需要掌握的技能有哪些了解<br>（4）你使用过哪些与我们工作相关的工具或软件<br>（5）你未来的职业规划是什么 |
| 专项/行为 | （1）描述某个你解决复杂问题的经历<br>（2）在团队项目中，你是如何与团队成员合作的<br>（3）你曾经如何克服一个失败或挫折<br>（4）如果你和领导在工作中有不同的意见，你会如何处理<br>（5）假设你需要在短时间内完成一项紧急任务，但你的团队成员都忙于其他事情，你会怎么做 |

同时，辛经理还翻出了郑大厂的面试记录：面试中他展现了良好的专业能力，参与过多个项目，并担任过两个重大项目的负责人，爱学习和钻研。

寇奇阅读完以后认为，这些提问的确都能够识别出候选人的某些能力，但是能力不代表成果，优秀的人也不一定能出硕果。

为了说明这点，寇奇给辛经理分享了一个案例，来看看什么样的人更容易"出成果"：

李明是一家知名科技公司的项目经理，早上9点，他准时出现在办公室，开始了一天的工作。李明的桌子上放着一叠厚厚的项目计划书和进度报告，他仔细地翻阅着，每一个细节都不放过。他不仅关注任务的完成，还追求每一个项目的最终效果和影响力的完美。他的目标不仅是完成公司分配的任务，还希望每个项目都能在市场上取得优异的成绩，为公司带来实际的收益。今天，他打算对正在进行的智能家居项目进行一次全面的评估和优化。他知道，这个项目的成功不仅取决于技术的先进性，更在于用户体验的细节打磨和市场需求的精准把握。

上午10点，李明召集了项目组的所有成员，进行了一次简短而高效的会议。会上，他不仅分享了自己对项目的看法和改进建议，还认真听取了每位同事的意见和反馈。李明的沟通风格总是那么真诚和开放，这让团队中的每一个人都感受到被尊重和重视。他特别强调了团队合作的重要性，鼓励大家在遇到问题时积极交流，共同解决。会后，李明还特意找时间与新加入的实习生小王聊了聊，了解他的工作情况和遇到的困难，并给他提供了一些实用的建议和指导。李明相信，只有每个人都在一个积极和谐的环境中工作，团队才能发挥最大的潜力。

下午2点，李明开始使用公司最新引进的项目管理软件，对当前的工作进度进行细致的分析和调整。他创建了一个详细的甘特图，清晰地展示了每个任务的时间节点和负责人员，并通过软件设置了自动提醒功能，确保每个环节都不会被遗漏。随后，他又利用会议记录工具，整理并分享了上午会议的要点和行动计划，让每个人都明确自己的任务和目标。李明还精通数据分析，他通过软件生成的各类报表，随时掌握项目的进展情况和存在的问题，及时调整策略，以确保项目的顺利推进。

以上的案例中，李明展现出了一个有贡献意识、能够出成果的知识工作者的三个特征。

### 特征一：工作有追求

这个特征指明了一个重视贡献的人对工作的态度和标准。他们不仅关注工作内容，还追求在工作中达到高标准。这种人可能会把目标设定得很高，他们不会满足于平庸或敷衍了事，而是会不断努力提高自己的工作水平，追求更好的结果。他们可能会持续关注工作的质量和影响力，而不是单纯完成任务。有些人有能力，但是没追求，内心没有动力，就会造成人才的浪费。

聚焦贡献的三个特征

### 特征二：建立积极关系

这个特征强调了一个重视贡献的人如何处理与他人的关系。他们不仅专注于自己的工作，还能够与上级、同事和下属建立积极的关系。这种人可能会展现出沟通能力强、团队合作意识强的特点。他们懂得与他人合作，建立良好的工作关系，这有助于实现共同的目标，并为团队和组织带来积极的影响。有贡献意识的人，不会单打独斗，而是能调动一些资源，与身边相关的人建立积极的关系，形成一个"成长联盟"。

### 特征三：善用管理工具

"工欲善其事，必先利其器。"这个特征指明了一个重视贡献的人如何有效管理工作。他们不仅完成日常任务，还善用各种管理工具和技巧来提高工作效率和效果。这可能包括有效地组织会议、制订计划、分配任务等。这样的人擅于运用各种工作手段和方法，以更有效实现工作目标，并为团队的成功作出贡献。可以想象，一个熟练使用Excel的人，能够轻松驾驭各种快捷键，让数据录入、编辑和导航变得飞快。在数据分析上，他们仿佛拥有了一双透视眼，能迅速从繁杂的数据中抽丝剥茧，看透数据背后的故事和含义，无论是用数据透视表洞察数据趋势，还是通过图表将数据可视化呈现，他们都能信手拈来，让数据说话，为决策提供支持。相反，如果一个会议的组织者所组织的会议，出现超时，出席人员不齐，会而不议、议而不决的情形，或者会后没有及时跟进，这样的工作者无法善用管理工具，更不可能成为一个有成果、有贡献的工作者。

因此，"是否重视贡献、具有贡献意识"，才是一个知识工作者能否出绩效最好的测试仪。

## 三、识别"真正人才"的18个提问

寇奇根据辛经理提到的新人离职、与郑大厂沟通的事例，以及上次对话中分享的常规面试问题库，强调了"选择先于培养"，然后给辛经理介绍了一个面试中识别"高效人才"的题库，包括围绕三个特征的题库设置原则和18个有效提问。

表 2.5　识别真正人才的 18 个提问

| 维度 | 原则 | 提问清单 |
| --- | --- | --- |
| 识别"工作有追求" | 提问应集中于候选人如何设定和追求高标准的目标，要求他们提供具体的实例，说明在追求高标准过程中遇到的挑战和应对方法，以及最终取得的成果。问题应探索候选人的内在动机和持续改进的意愿，考察他们如何衡量和提高工作的质量和影响力 | （1）你对自己的工作有什么期待和追求吗<br>（2）你如何保持对工作的高标准和积极性<br>（3）能分享一次你为了提高工作质量而主动采取的措施吗<br>（4）你认为一个成功的工作项目应该具备什么特征<br>（5）如何看待自己在工作中的责任和影响<br>（6）工作中遇到挑战时，你通常是如何应对的 |
| 识别"建立积极关系的能力" | 提问应聚焦于候选人如何与上级、同事和下属互动和合作，要求提供具体的例子，说明他们在建立和维持积极关系方面的表现。问题应考察候选人的沟通技巧、团队合作意识和处理冲突的能力，探讨他们如何通过建立良好的人际关系为团队和组织带来积极影响，并实现共同目标 | （7）你认为良好的工作关系对团队的重要性是什么<br>（8）你如何与同事、上级和下属建立积极的工作关系<br>（9）能分享一个你在团队中解决冲突的经验吗<br>（10）你在工作中如何促进合作和发扬团队精神<br>（11）对于与他人的合作，你认为最重要的是什么<br>（12）你是如何处理与不同工作伙伴之间的意见分歧的 |
| 识别"善用管理工具" | 提问应了解候选人对各种管理工具和方法的熟悉程度及其实际应用情况，要求他们提供具体的例子，说明如何通过这些工具提高工作效率和效果。问题应探索候选人如何组织和管理复杂项目，如何有效地分配任务和资源，以及如何运用管理工具优化工作流程，确保工作目标的顺利实现，并为团队的成功作出贡献 | （13）你通常是如何组织和管理你的工作任务的<br>（14）你如何有效地利用管理工具来提高工作效率<br>（15）在工作中，你更倾向于使用哪些管理工具<br>（16）你如何确保你的工作计划和目标得到有效执行<br>（17）你认为开会在工作中的作用是什么？你如何有效地组织和主持会议<br>（18）如何看待工作中的挑战和障碍？你通常是如何应对的 |

选错人是最大的浪费。部门管理者在招聘时，应当以结果导向为核心原则，重点识别候选人是否具备聚焦贡献的能力。这意味着在面试过程中，经理需要通过提问和评估，了解候选人在以往工作中设定和追求高标准目标的能力，以及他们如何通过实际行动和策略来实现这些目标。同时，经理还需考察候选人在团队中建立积极关系、有效沟通和解决冲突的能力，以及他们对管理工具的掌握和应用能力，确保候选人不仅能在个人层面追求卓越，也能在团队中发挥积极作用，为组织带来实质性的贡献。通过这样的招聘策略，团队领导者可以筛选出那些真正能够推动部门目标实现并为组织带来长远价值的人才。

分享完以后，寇奇和辛经理运用角色扮演的方式，帮助辛经理理解这些问题的应用，并转换为自己的提问语言。

对话结束，寇奇给辛经理布置作业：

（1）与高上斯确认了对齐表之后，把它打印并张贴在工位，作为自己工作的指导，并根据需要随时更新完善。

（2）与团队成员分享人才的三个特征，以及面试的18个问题。这三个特征18个问题，可以作为识别一个人是否有贡献意识的指针。

# 第四节 成长笔记：管理者做好角色认知

## 一、寇奇笔记

### 1. 阶段进展与反思

《卓有成效的管理者》提到：管理者失败的最常见的原因，是不能或者不愿按新职位的要求做出改变。老路走不到新地方，管理者履新之后，如果只是重复在旧职上做得好的事，几乎必定失败。因此，清晰的角色认知非常重要，这是保证新晋管理者正确前进方向的罗盘，是获得绩效成果的基础。很多管理者刚上任的时候，要么关注自己的新权力，要么只知道埋头苦干，他们并没有去了解组织对他们有怎样的贡献要求，这就为"不胜任"埋下了隐患。

角色认知对齐，是辛经理当前最重要的事情。运用六步法的对齐方式，既能够与组织的目标保持一致，确定"做正确的事"，还能够与自己的上级建立积极的关系，更能够带领团队全力以赴地推进目标，保证"正确地做事"。也只有这样，才能做到与组织同步，与上级同频。只有明确了自己的责任和贡献，团队才能够清晰地看到自己的技能、专长、职能和组织之间的关系，才能够知道如何充分调动自己的资源。

根据我的经验，在向上对齐的过程中，有一个特别撬动点，就是角色对齐。角色对齐不仅要对齐岗位的身份，更重要的是对齐在这个岗位上应该为组织作出的贡献。要知道，贡献是灯塔。

公司对贡献的要求往往表现在三个方面：直接贡献、价值观及对价值观的重新确认、培养与开发明天所需要的人才。这三种贡献分别就像人所需要的食物营养、维生素矿物质以及不断传承的精神。这三种贡献如果从人的角度，可以理解为：生存、生活、生生不息。

辛经理团队面临着业务压力，同时除了拿到直接成果以外，在选人用人上要提高，所以在人员的选拔和专业人员的管理方面需要进一步提升。据我所知，产品研发部目前人手缺乏，在人才选拔方面也面临着很大的压力，在业务快速发展的情况下，必须要又快又好地招聘到人才，尽可能减少人才选拔的失误率。因此需要识别关注贡献的人的三个特征：工作有追求、建立积极关系、有效运用管理工具。

而是否能够围绕贡献开展所有的工作，这也是我后面需要持续关注和辅导辛经理的地方。

### 2. 下一个阶段计划

关注辛经理带领团队对齐的进展，以及团队成员的反馈。跟进产品研发部人员招聘的效果。

## 二、辛经理学习笔记

### 1. 阶段进展与反思

当我踏入这个全新的岗位时，内心充满了期待，同时也面临着巨大的挑战。我深知，要想在这个岗位上有所作为，首要任务就是进行"对齐"。这不仅是对个人能力与岗位要求的匹配，更是对整个组织战略与文化的融入。

角色认知对齐表让我意识到，职业生涯就像攀登一座高峰的过程，每一步都需要我们精心策划、稳扎稳打。在新的岗位上，我也需要像登山者一样，明确自己的方向和目标，同时了解整个团队乃至整个组织的方向和期望。只有这样，我才能确保自己的每一步都走得稳健、有力。

在对齐的过程中，我深刻体会到贡献的重要性。贡献不仅是对工作的投入和付出，更是对组织整体价值的贡献。在对齐的六个维度中，贡献是其中最为关键的一环。它要求我不仅要关注自己的能力和发展，更要关注如何将自己的能力转化为对组织的实际贡献。

我也明白了：不能闭门造车。我原本以为自己对兄弟部门的需求和期望已经了如指掌，但现实却告诉我，我以为别人需要的，并不一定就是别人真实需要的。因此，我开始主动与兄弟部门进行有效的"基于贡献"的沟通。通过沟通，我更加深入地了解了兄弟部门的需求和期望，也更加明确了自己在新岗位上的职责和任务。

这次沟通经历让我深刻体会到，沟通是解决问题和达成共识的关键。只有通过有效的沟通，我们才能确保自己的工作和努力能够真正符合组织的需求和期望，从而为组织带来更多的贡献和价值。

我开始尝试用一双"识别人才的慧眼"来观察和评估候选人。我意识到，学历、经历和技能固然重要，但更重要的是候选人是否具备聚焦贡献的三个特征：工作有追求、建立积极关系、善用管理工具。只有具备这些特质的候选人，才能在岗位上发挥出更大的价值，为组织带来更多的贡献。

运用"识别有效人才的18个问题"去面试，取得了意想不到的效果。有一个候选人，经验、背景以及各方面能力都挺不错的，但是当我在向他了解工作标准时，发现他给自己设定的目标没有挑战性，都是在自己的"安全区"以内，从这角度看，他的确不适合我们团队。如果按照过去的招聘模式，这个候选人会进入到下一个面试环节。

昨天和郑大厂的深度沟通，让我也有很多感受：我发现他的实际成果和面试时候的表现差别很大，问题就出现在对"贡献"的理解和聚焦贡献的三个特征上。于是我给他分享了我学到的有效人才的三个特征，以及我对他的发现，并提出想听听他的看法。他说他最近也很苦恼，总觉得自己没有发挥出来，听了我的分享，他发现，他对自己的工作标准定得过于保守的原因是刚来到新公司，担心自己做得不好，被领导批评，让大家对他这个来自大公司的人失望。同时，他觉得自己专业能力不错，和同事之间也没有太多的交流，觉得自己就可以完成这些事情。借此机会我和他进行了更深的交流，他说，他接下来会专门和我沟通一次自己对岗位贡献的思考，以及个人提升的方式。

### 2. 下一个阶段计划

审视我的对齐工具表，尤其是贡献的部分。每次有角色的变化，都要重新梳理，和团队成员——对齐。每天都问自己三遍：我的贡献是什么？

# 第三章

# 时间有限，价值无限

有效的时间管理，源于顶层设计。

顶层设计要求管理者从宏观角度出发，审视并优化时间分配策略，确保每一分钟都能为实现核心价值与长远愿景贡献力量。它促使管理者区分任务的紧急与重要程度，学会拒绝非必要的干扰，从而聚焦核心事务。

辛经理坐在办公桌前，手中握着一摞文件，眼神中流露出明显的焦虑。办公室的墙上挂满了各种项目进度表和计划，日历被各种会议和工作安排填得满满当当，几乎没有一刻属于他自己。他的桌面上堆满了未处理的文件和待办事项，一旁的电脑屏幕上不停闪烁着新的消息通知。

文件夹中的文档参差不齐，有些是需要他签字的，有些是等待他审批的，还有一些是他还未完成的项目计划。他的办公桌几乎被这些文件淹没了，仿佛预示着他正在被繁重的工作所压垮。墙上的白板上写满了各种项目的关键节点和截止日期，每一个都像一颗定时炸弹，时刻提醒着他时间的紧迫。

就在这时，他的手机震动了一下，屏幕上显示他被拉进了一个新的钉钉群。一个兄弟部门的同事开始介绍一个紧急的任务，需要得到辛经理部门的支持。辛经理无奈地摇摇头，这已经是这个星期第四次接到紧急任务了。这意味着他上午才刚调整过的时间表又要重新调整。

时间都去哪儿了？

辛经理迅速在脑海中盘算着如何重新安排时间，但脑子里一片混乱，根本理不清思路。每次的调整都意味着他必须牺牲其他任务的时间，这让他倍感压力。他知道这些紧急任务都不能忽视，但他也清楚自己的时间和精力都是有限的。

下午的例行会议并不顺利，团队成员们纷纷提出问题和需求，能力参差不齐的他们需要辛经理一一作出决策和安排。有的成员因为缺乏经验而需要详细的指导，有的成员则因为任务过重而向他抱怨。每一次的沟通都需要他投入大量的时间和精力，而这让他疲于应付。

会议一场接着一场，时间在他身边飞逝而过，每次会议结束他都会感到心力交瘁，仿佛被消耗了所有精力。他看着时钟，发现时间已经悄然流逝，而他的工作进度却没有明显推进。每一次的会议都让他的待办事项清单变得更长，而这些新增的任务都需要他亲自处理。

时间在不知不觉中流逝，辛经理心头涌起一阵疑惑："为什么大家都离不开我？难道没有其他人可以承担一些责任吗？"他感觉自己被无尽的工作和责任压得透不过气。

就在这时，他的领导高上斯发来一条信息，询问上周五布置的一项工作进展如何。辛经理心里咯噔一下——事情太多，他还没开始做那件事情呢！他只好如实回答。高上斯没有多说，只是提醒了一句："需要集中精力办要事，时间管理是顶层设计出来的。"

辛经理深深地吸了一口气，试图让自己冷静下来。他意识到，自己需要更有效的时间管理和任务分配。他拿起手机，给他的教练寇奇发了条信息："教练，今天的交流我想讨论一下第二个习惯——用好时间做重要的事情。"

辛经理放下手机，望着窗外，窗外的景象与他忙碌的办公室形成鲜明的对比。外面阳光明媚，绿树成荫，而他却被困在这四方的小屋中，与无数的文件和任务为伴。他知道，如果不改变现状，自己很可能会被这些无休止的工作拖垮。他再次看了一眼满桌的文件，心中默默地整理自己面对的真正问题是什么，希望教练能够给他有力的支持，帮助他找到一条摆脱困境的出路。

# 第一节　时间管理，管的是什么

时光飞逝、争分夺秒、时间就是生命……这些是多么熟悉的词语。

时间是一种无法逆转的资源，它在我们的生活中是不可或缺的。管理者首先需要明白时间的珍贵和有限性。无论我们多么努力，时间都是不可能延长的。

必须懂得如何充分利用每一分钟，确保我们的时间被有效地投入到有意义的活动中。理解时间的特点意味着要学会拒绝那些浪费时间的活动，如无休止的社交媒体浏览、无意义的聊天、拖延等。只有当我们真正意识到时间的宝贵性，才能更好地掌控自己的生活和工作。

虽然时间对于职场人来说确实是有限的，但如果能够充分地利用，其价值却是无限的。每一分钟的有效利用，都是对生命的珍视和对工作的尊重。管理者应该明白，时间不仅是一种流逝的资源，更是推动个人和团队成功的关键。要作出更多的贡献，必须聚焦在要事上，避免被琐事和无谓的活动消耗。理解并实践时间管理的原则，能够在竞争激烈的职场中保持效率和成果。这需要不断学习如何优先安排任务，拒绝那些虚度光阴的诱惑，以确保时间被最大化地用于实现个人和组织的目标。

## 一、三个特点

让有限的时间产生无限的价值，首先要了解时间的几个特点。

时间的特点

### 1. 时间是稀缺品：买不到，借不了，存不住

时间是最稀缺的资源。它不像金钱，可以通过努力赚取更多；也不像物品，可以相互借贷应急。时间，一旦流逝，便如同指尖的细沙，无论你如何紧握，都终将无法挽留。项目截止日期的逼近，会议室的时钟嘀嗒作响，无一不在提醒我们：时间有限。每一位职场人都在与时间赛跑，试图在有限的时间内完成更多的任务，实现更高的目标。但遗憾的是，时间从不为任何人停留，它以一种无声却坚定的方式，宣告着每个人的时间账户都是有限的，无法购买，无法借贷，更无法储存。可以这么说，时间是稀缺的奢侈品。

### 2. 时间没弹性：一分钟不能掰成两半用

在职场的快节奏中，时间仿佛被按下了快进键。每一分钟都显得尤为珍贵，因为它们都是实现职业目标不可或缺的组成部分。与弹性材料不同，时间不具备任何伸缩性。你无法将一分钟拉长成两分钟来使用，也无法将多余的时间压缩存储以备不时之需。因此，在职场上，我们常听到"时间管理"的重要性。它教会我们如何合理规划时间，确保每一分钟都能得到充分利用。但即便如此，我们也必须承认，时间本身是无情的，它不会因为我们的渴望或焦虑而有所改变。一分钟，就是一分钟，不能多，也不能少。

### 3. 时间是必需品：任何事情都要耗费时间

无论是策划一场成功的营销活动，还是撰写一份详尽的工作报告；无论是与客户进行深入的沟通谈判，还是带领团队攻克技术难关——所有这一切，都离不开时间的投入。时间是职场活动的基石，是连接梦想与现实的桥梁。没有时间的积累与沉淀，任何宏伟的蓝图都只能是空中楼阁。因此，职场人必须深刻认识到时间作为必需品的重要性。他们要学会在忙碌中找到平衡，在挑战中把握机遇，用有限的时间创造出无限的价值。在这个过程中，时间不仅是衡量工作进度的标尺，更是衡量个人能力与职业素养的重要标准。

## 二、职场没有"千手观音"

正因为时间有限，时间无法掌控，我们才需要更好地利用时间，不要期待着我们能够成为一心多用的"千手观音"。

举个例子，想象一位专业的音乐家，他可能精通多种乐器，能演奏各种不同的曲目。但是如果他每天都同时练习多种乐器、演奏多个曲目，最终他会感到筋疲力尽，而且可能无法真正深入掌握某一项技能。

每个人都有自己的极限。就像这位音乐家一样，他可能会选择聚焦于一两种乐器，演奏一些特定的曲目，以便在那些方面达到更高的水平。同样，我们在工作中也需要明智地选择聚焦于最重要的事务，以便更好地发挥自己的专业能力。

必须认识到人的精力是有限的，工作是做不完的。每个人每天只有24个小时，而且我们还需要足够的休息时间来保持身心健康。

职场没有"千手观音"

在时间管理的艺术中，"慢就是快，少就是多"这一理念蕴含着深刻的智慧。它倡导我们重新审视工作与生活的节奏，理解到在某些情境下，适当放慢脚步、精简任务，反而能带来更高的效率与更深层次的成果。

慢就是快，少就是多

"慢就是快"，这并不意味着我们要慢慢思考甚至完全停滞不前，而是鼓励我们在争分夺秒与三思后行之间找到平衡点。在关键任务上更专注与深思，避免盲目追求速度而忽视了质量与细节。通过细致规划与高效执行，每一次的"慢"动作都是为后续的"快"奠定基础，确保每一步都稳健而有力，从而在整体上实现更高效的工作流程与更出色的成果输出。

"少就是多"，则提醒我们在信息爆炸、任务繁重的现代职场中，要学会做减法。不是所有的事情都值得投入同等的时间和精力，我们需要学会区分优先级，聚焦于真正重要且有价值的目标。减少不必要的会议、邮件、社交媒体干扰，为真正的工作与生活腾出空间。这样，虽然表面上看似完成的事情少了，但实际上，我们为每件事投入了更多的专注与热情，收获的质量与满足感远超于那些浅尝辄止的"多任务处理"。

## 三、时间管理需要顶层设计

时间管理是一种综合性的能力，它不是简单地将时间片段分配给各种任务和活动。实际上，时间管理的核心在于如何有效地运用有限的时间资源，以实现个人或组织的长远目标。在这个过程中，顶层设计起着至关重要的作用。这种设计不限于日常安排，更是涉及长远角度的思考和规划。

### 1. 个性与精力特点的充分运用是成功时间管理的基础之一

理解自己的个性特质和精力波动，能够帮助人们更有效地安排任务和活动。例如，一位管理者可能在早晨头脑清醒，适合处理需要高度专注和分析性思维的工作；而在下午，他可能更倾向于进行团队协作或参与战略会议。通过在这些高效时段安排最具挑战性或需要创新思维的工作，可以最大化个人的生产力和创造力。

### 2. 面向未来识别要事意味着能够从长远角度思考和规划

这不仅包括对当前工作的管理，更重要的是能够预见未来可能出现的挑战和机会，并为之做好准备。举例来说，一位创业者在快速发展的市场环境中，通过深入分析市场趋势和未来发展方向，决定将资源重点投入新技术研发和市场推广，而非仅仅应对眼前的短期问题。这种长远规划确保了公司在未来能够持续创新和成长，而不是被局部问题所困扰。

### 3. 进行零存整取式的时间规划

这不仅是对每日安排的管理，更是对时间资源的长期有效利用策略。这种策略涉及设定长期目标和里程碑，将整个工作或项目分阶段进行，并制订详细的时间计划和优先级。例如，一个研究团队可能设定了明确的研究目标和时间节点，将整个研究项目分为不同阶段，每个阶段都有详细的时间安排和关键任务，以确保按时完成关键里程碑，推动整体项目进展。

碎片化时间

时间管理的零存整取

用于重要事情的
完整时间

通过这些维度的综合运用，顶层设计的时间管理不仅能够提高工作效率和成果质量，还能够培养个人的长远思维和战略眼光。有效的时间管理不仅是为了完成更多的任务，更是为了确保每项工作或活动都具有深远的影响和价值。这种方法不仅能帮助个人在职业生涯中取得更大的成就，还能推动整体工作和生活质量的提升，帮助个人和组织在竞争激烈的环境中脱颖而出，并为未来的成功奠定坚实的基础。

# 第二节　管理者时间运用

## 一、自测

教练对话开始，辛经理在回顾了上周工作和学习以及收获以后，提到了自己在时间运用上的焦虑感：忙！忙！忙！尤其是进行了角色对齐以后，更是千斤重担在肩上。

时间的运用情况

寇奇拿出一个选择题，请辛经理快速在其中选择一项。

关于上周你工作中的时间管理，以下四个选择，哪一项最符合你的状态？

A. 时间基本可以自己掌控，做的事情也都是重要和有价值的事情。

B. 时间基本可以自己掌控，做的事情大部分是事务性的、价值不大的事情。

C. 时间基本不能自己掌控，做的事情是有价值的。

D. 时间基本不能自己掌控，做的事情大部分是事务性的、价值不大的事情。

辛经理快速浏览了四个选择，然后选择了D选项。

寇奇对每个选项进行了解释：

A选项，代表了一种高效的时间管理状态。在这种情况下，个人能够有效地掌控自己的时间，并且所做的事情都是重要的、有价值的。这反映了一个人在工作和生活中能够清晰地识别出优先级，并将时间投到真正重要的事情上。这种状态通常意味着个人具有良好的时间规划和任务管理能力，能够保持专注并高效地完成任务。

B选项，则展现了一种具有挑战性的时间管理状态。在这种情况下，个人也能够基本自己掌控时间，但大部分所做的事情是事务性的、价值不大的。这可能表明个人在时间管理方面存在一些困难，虽然能够完成任务，但可能过于分散注意力，花费过多时间在琐碎的事务上，而忽略了重要的任务。

C选项，揭示了一种有价值但时间管理困难的情况。在这种状态下，个人所做的事情都是有价值的，但时间却基本不能自己掌控。这可能是由于工作压力大、任务量过多或其他外部因素的影响，导致个人无法有效地安排时间，不能自如地处理任务。尽管所做的事情有意义，但时间管理上的困难可能会影响到工作效率和成就感。

D选项，则是一种警示信号，暗示了严重的时间管理问题。在这种情况下，个人不仅时间不能自己掌控，而且大部分所做的事情是事务性的、价值不大的。这反映了一个巨大的时间管理挑战，可能是由于缺乏有效的时间规划和任务管理技能，或者被工作中的琐事所淹没。这种情况下，个人可能会感到压力增加，成就感降低，甚至影响到团队的整体效率和绩效。

其中，选项A就代表着"集中精力办要事"，是每个职场人的愿望，在这种状态下，管理者会感到既有掌控感又有成就感。

寇奇再次提出：

从一个人的工作状态可以看出几方面的特质：聚焦重要事务的能力；对时间零存整取的能力；拒绝时间浪费活动的勇气，等等。这就是为什么大家都很忙碌，有些人碌碌无为，有些人却能够硕果累累。时间管理是需要顶层设计的，不是运用时间工具，按计划行事完成这些行动层面的事情就可以实现的。

辛经理听了分享后表示，这个测试虽然非常简单，却非常快速地对当前的工作状态进行了警示，他需要审视自己的日常工作流程，找出哪些任务是真正重要的，哪些是可以被委派或者优化的。他可能需要学习一些时间管理的技巧，比如优先级排序、任务分解和时间分配等。同时，他也需要培养拒绝无关紧要的事务的能力，以便将更多的精力投到真正重要的事情上。这样，他才能更好地管理时间，提升工作效率，实现个人和团队的目标。

## 二、管理者时间运用的状态

对话继续，寇奇给辛经理介绍"不成功的时间管理者画像"。新晋管理者在时间的运用上，会有三个阶段的模样，这三个阶段都反映了时间管理上的问题。

不成功的时间管理者的状态

1. 忙——忙碌的杂耍大师

在第一个阶段，新晋管理者就像是一个忙碌的杂耍大师。手上掌握着各种任务，每一个都显得同样紧急和重要。他们不断地抛起、接住、转移任务，像是在进行一场高难度的表演，需要保持持续的专注力和灵活应变能力。然而，这种忙碌的状态也使得他们难以有时间进行深入的思考或休息，就像是在紧张的表演中，无法有片刻的歇息。

2. 累——疲惫的超级英雄

在第二个阶段，新晋管理者变成了一位疲惫的超级英雄。他们发现交给下属的任务并没有根据预期完成，于是开始自己动手解决问题，承担更多的责任。他们可能会不自觉地将下属应该承担的责任转移到自己身上，用自己的力量和技能去应对挑战。尽管这种行为看似高效，但却会导致他们越来越感到疲惫，就像是在一场孤军奋战中不断征服自己。

3. 慌——迷失的团队领导者

到了第三个阶段，新晋管理者变成了一位迷失的团队领导者。他们发现周围重要的人对他们的工作不满意，团队目标尚未达成，感到迷失和慌乱。周围重要的人对他们的工作不满意，团队目标尚未达成，感到迷失和慌乱。就像是在解决一幅复杂的拼图，但是发现缺失了一些关键的部分，无法完成整幅画面。他们感到迷失和慌乱，不知道如何才能让所有的片段都完美地契合在一起。就像是在拼图游戏中迷失了方向一样，他们需要重新找回工作的目标和方向感，才能克服困境，完成任务。

听完这三个以后，辛经理"老泪纵横"，这简直就是对自己形象的刻画。刚上任时，工作任务铺天盖地而来，希望自己成为千手观音，同时做很多件事；后来发现团队成员中有些人能力不够，就撸起袖子亲自做，结果让自己疲惫不堪，甚至一度怀疑自己为什么要做这个部门的负责人；再后来事情理清楚了，发现不能闭门造车，还积极地与上级对齐，与平级协作，以及激励下级，总之就是要为团队开展工作建立好的环境，面对多头的事、人矛盾冲突的时候，真的感觉自己迷失在丛林里，即使看见了北斗星，也觉得遥不可及。

寇奇表示非常理解辛经理的感受，既然说了现状和问题，还是需要用一个"成功的时间管理者画像"来建立目标，提升方向，这才是真正的目的。

卓越的时间管理者并非简单地遵循刻板的时间安排或追求一日完成一日事，也不是每天忙忙碌碌，看上去有很多成果。一个能够有效进行时间管理的人，在工作的状态上，应该会展现出以下三个特征：

卓越的时间管理者的三个特点

1. 有目标感

一个能够有效进行时间管理的人,不会眉毛胡子一把抓,知道该做什么。首先具有强烈的目标感。他们清楚自己想要什么,以及为什么要这么做。这种目标感不仅来自个人的职业规划和理想,也体现在对具体工作任务的认知和把握上。他们能够将大目标分解为小目标,并为每个小目标设定明确的时间表和里程碑。这种目标感使他们在工作中始终保持方向和动力,不会被琐碎的事情所干扰。

2. 有清晰度

清晰度是有效时间管理的另一个重要特征。一个能够有效进行时间管理的人,知道什么时候做什么事,把黄金时间留给重要的事情,能够清晰地了解自己的工作任务、时间分配和优先级。他们知道自己先做什么,后做什么,以及如何平衡不同的工作任务。这种清晰度不仅体现在对工作的整体规划上,也体现在对具体任务的细节把握上。他们能够有效地避免重复劳动和无效沟通,提高工作效率。

3. 有灵活度

在复杂多变的工作环境中,敏捷和灵活度是有效时间管理的关键。一个能够有效进行时间管理的人,知道变化无处不在,灵活应对变化和干扰;能够根据工作任务的实际情况和变化,灵活地调整自己的时间计划和优先级。他们不会拘泥于原计划,而是能够根据实际情况及时做出决策和调整。

这种灵活度使他们能够更好地应对突发事件和紧急情况，确保工作的顺利进行。

目标感让管理者聚焦要事，保持专注；清晰度让管理者知道何时做何事，黄金时间如何用；灵活度让管理者在时间管理上有呼吸感，敏捷面对变化并且不会失去目标。当你有了这几种感觉，就说明你在时间管理上已经走上正轨。

# 第三节　时间管理心法与方法

## 一、管理者在时间管理工具运用上的三个误区

要进行有效的时间管理，先要知道有哪些常见的误区。管理者在时间管理工具运用上有三个误区，这不仅影响了他们的工作效率，还可能对整个团队造成负面影响。

✓ 过度依赖工具
✓ 缺少呼吸感
✓ 过度精细化

时间管理工具运用的三个误区

### 1. 过度依赖或盲目相信某种时间管理工具，将时间花费在工具上

误区描述：有些管理者可能认为某种时间管理工具（如24小时日程表、

四象限法则等）是万能的，能够解决所有时间管理问题。然而，每种工具都有其适用场景和局限性，过度依赖或迷信某种工具可能导致管理者忽视其他更有效的策略或方法。

解决方案：工欲善其事，必先利其器。不是每个人都适合用番茄钟的，也不是每个人都能够做到每天运用时间复盘工具。管理者应根据自己的实际情况和需求，选择最适合自己的时间管理工具，并灵活运用。同时，保持对多种工具的开放态度，以便在不同情境下选择合适的工具。

### 2. 时间安排太满，缺少呼吸感

误区描述：即将到来的时间就像一个水杯，空间是有限的，就像把石子、沙子装进瓶子，我们都知道要先放大石头，也就是要先处理重要的事情。但是，有些人由于惯性，在放了大石头之后，还放些沙子，把瓶子填满，只有这样才会觉得满足。在最后总结的时候，才发现很多时间都被那一粒一粒的沙子浪费了，而不是将时间放在最应该处理的大石头上。

解决方案：管理者在制订时间管理计划时，应考虑到实际情况的变化和不确定性，保持一定的灵活性。同时，学会在必要时调整计划，以应对突发事件或变化。这样能够更好地适应复杂多变的工作环境，提高时间管理的有效性。太满并不是好事，一定要留出可以"呼吸"的空间。

### 3. 过度精细化管理，使管理机械化

误区描述：有些管理者可能倾向于制订非常详细、精确的时间管理计划，试图控制每一个细节。然而，这种过度精细化的管理方式可能导致计划缺乏灵活性，无法应对突发事件或变化。

解决方案：需要从两个方面来进行时间管理的顶层设计，即理解自己的个性特点，自我管理；运用合适的方法和工具。

## 二、心法：理解个性，顺势而为

首先要理解自己，顺应自己的特点进行时间管理。

管理者的个性不同，时间运用的特点也相应不同。这些个性特点对时间管理的顶层设计有着深远的影响。不同的性格特点会需要不同的时间管理偏好和策略选择。

以DISC为例，在探讨管理者如何运用自己的个性特征做好时间管理时，DISC模型提供了一个有力的框架。人的性格分为四大类型：支配型（dominance）、影响型（influence）、稳健型（steadiness）、服从型（compliance）。每种类型都有其独特的优势、偏好以及潜在的时间管理挑战。下面，我们将逐一分析这四种类型的管理者在时间管理上的策略、应避免的误区及优化方法。

理解个性，建立时间管理风格

### 1. 支配型（D）

个性特点：支配型的管理者通常决策迅速、目标导向，竞争意识强。他们喜欢控制局面，倾向于追求结果和效率，是决策者和推动者，能够快速行动以达成目标。

时间管理的特点：在时间管理上，他们倾向于集中精力在重要且紧急的任务上，设定挑战性的目标，并追求高效率和快速完成任务。他们通过明确的目标和截止日期来驱动团队。

时间管理的误区：支配型管理者的个性可能会忽视团队合作和长远规划，更多关注眼前的紧急任务，可能导致压力过大和忽视重要但不紧急的事务。他们有时会忽视团队成员的参与感和个人发展。

时间管理的策略：

● 关注未来：不仅做当前重要紧急的事情，也要留出时间规划未来。

● 委托和授权：学会委托和授权团队成员，以留出时间专注于关键任务。

● 关注团队和个人：留出时间与团队成员交流，关注他们的情绪和期望。

事例：一个支配型的经理可能每天早晨设定几个紧急且重要的任务，通过会议和快速决策推动团队前进，确保项目按时完成。他们会每周设定截止日期激励团队成员，确保工作高效完成。在沟通工作的同时，也留出时间进行人与人的交流。

### 2. 影响型（I）

个性特点：影响型的管理者通常性格外向、社交能力强、乐观向上。他们喜欢与人交流互动，擅长影响他人和建立人际关系，是团队的鼓舞者和推广者，在团队合作和社交互动中起到重要作用。

时间管理的特点：影响型个性在时间管理上倾向于把重点放在人际交往和社交活动上，善于启发和激励团队成员，乐观面对挑战。他们通过社交活动和团队会议推动项目和团队发展。

时间管理上的误区：他们可能因过度社交和互动而忽视个人时间管理，导致时间碎片化和任务分散。有时候会低估完成任务所需的时间和资源，对流程和制度建设不感兴趣。

时间管理的策略：

● 建立有效沟通：学会有效沟通和协调团队活动，避免过度社交干扰工作进程。

● 锁定明确目标：确定具体的工作目标和时间表，避免任务分散和时间浪费。

● 团队体系建设：在工作的流程和制度建设方面，留出专门时间。

事例：一个影响型的经理会利用每周固定的团队会议时间，鼓励团队合作和创新，保持团队积极性和动力。他们通过组织团队活动和庆祝增强团队凝聚力，同时确保工作顺利进行，也会阶段性进行项目复盘，进行知识沉淀。

### 3. 稳定型（S）

个性特点：稳定型管理者性格通常稳定可靠、耐心细致，善于支持和保持团队和谐。他们重视稳定性和可靠性，在团队中扮演支持者和协调者的角色。

时间管理的特点：稳定型管理者在时间管理上倾向于稳定和有序，注重团队和谐和持续工作，处理细节，通过耐心和细致的方式推动团队和项目稳定发展。

时间管理上的误区：他们可能因过于关注细节和日常事务而忽视紧急且重要的任务，导致工作推进缓慢或错失时机，有时会留恋舒适区，避免面对挑战或变化。

时间管理的策略：

● 制订计划和时间表：制订清晰的工作计划和时间表，确保每项任务有序进行。

● 保持灵活性和适应性：适应突发情况和变化，同时保持工作的稳定性和连续性。

● 优化决策流程：优化决策流程，以提高效率和工作质量。

事例：一个稳定型的经理每天早晨安排时间处理团队成员需求和日常运营事务，保持团队工作稳定和顺利进行。他们通过定期开团队会议和工作跟进，确保每个团队成员都能顺利完成任务并保持高效率。他们也定期审视决策效率和质量。

### 4. 审慎型（C）

个性特点：审慎型管理者通常具有分析思维，精确求实，注重质量和准确性的特点。他们喜欢通过数据和事实决策，扮演分析师和策略制定者的角色。

时间管理的特点：他们在时间管理上倾向于深入分析和研究，制订详细的计划和策略，注重事务的准确性和完整性，通过详细和系统的方法解决复杂问题和挑战。

时间管理上的误区：他们可能因过于追求完美和深入分析而耗费过多时间在细节上，可能错过实施和执行时机，有时过于谨慎，避免决策或依赖过去经验和数据。

时间管理的策略：

● 既有宏观目标，也有细节计划：确定具体的工作目标和质量标准，以保证工作的准确性和完整性。

● 学会授权：学会抓大放小，授权他人完成部分工作。

● 学习灵活应对：在保持准确性的前提下，适当调整计划和策略，应对变化和挑战。

事例：一个审慎型的经理会花时间深入分析市场数据和竞争情报，制定详细的市场营销策略，确保每一步都符合公司的长远发展目标。他们通过定期分析数据和市场调研调整策略，确保团队在复杂市场环境中保持竞争优势。既关注细节，也关注宏观目标。

总之，无论是哪种个性的管理者，在时间管理方面都需要根据自己的个性特点来制定合适的策略。支配型管理者应学会放权和信任团队；影响型管理者需设定明确目标并减少分心；稳健型管理者应培养决策能力并设定优先级；服从型管理者则需明确目标范围并避免过度分析。通过不断地自我反思和优化，每位管理者都能找到最适合自己的时间管理方法，从而提高工作效率和整体绩效。

要根据自身的注意力管理和精力特点来规划时间的使用。每个人的精力和注意力都是有限的资源，且在一天中并不均匀分布。研究显示，人们的大脑在一天的不同时间段会经历状态变化，这些变化会影响思维能力、决策质量和创造力。因此，合理安排时间，以充分利用最佳精力时段，是提升工作效率和创造力的关键。

**1. 确定个体的高效工作时间**

深度思考时间：有些人在一天的早晨和晚上有更好的深度思考能力，比如晚上7点到10点。这个时段适合处理复杂的问题和制订长远计划，因为此时大脑更容易进入深度思考状态

决策速度最快时间：一些人可能在早晨9点到11点之间决策速度最快，这段时间适合迅速作出重要决策和解决紧急问题。

**2. 个性化时间管理安排**

个体时间表定制：根据个人的精力特点和能量波动，制定个性化的时间表。这意味着应安排重要任务和决策在个体能力最强的时间，从而提高工作效率和成果质量。

灵活调整任务安排：允许个体在工作日程中保持一定的灵活性，以便根据当天的精力状态调整任务优先级和安排。这种灵活性有助于避免在低能量时段进行重要决策或复杂的思维任务，从而减少错误和提高效率。

总体来说，管理者自己就是时间管理最重要的工具。时间管理需要管理者自身的投入，因此时间管理和管理者的情绪管理、沟通能力、领导力等多方面能力紧密相关。因此，管理者在优化时间管理的同时，也应理解自己的个性特点、精力特点、角色风格、情绪特征等，以更好地应对复杂多变的工作环境。

## 三、目标感：三个工具聚焦要事

作为团队管理者，聚焦要事并锁定明确目标的重要性不言而喻。这一

策略首先为整个团队树立了鲜明而坚定的方向标，确保每位成员都能清晰地认识到团队正在努力达成的愿景和具体目标。这种明确的目标感不仅激发了团队成员的内在动力，还促进了团队成员之间的沟通与协作，因为大家都明白自己为何而战，以及如何在团队中发挥自己的作用。

同时，聚焦要事要求团队管理者和成员共同识别并优先处理那些对实现目标至关重要的任务。这种高度的专注力使得团队能够集中资源，避免在不重要或低价值的事情上浪费时间和精力。减少无谓的干扰和琐碎的忙碌，团队得以轻装上阵，以更加清晰和高效的姿态向目标迈进。

确定要事有什么意义?

此外，聚焦要事还有助于提升团队的应变能力和创新能力。在明确的目标指引下，团队成员能够更加敏锐地捕捉市场变化和技术趋势，及时调整策略，以应对各种挑战和机遇。同时，团队成员也能够在专注的过程中不断积累经验和知识，激发创新思维，为团队的发展注入新的活力。

举个例子，一个团队领导在面对一系列的工作任务时，可以进行这种顶层设计。首先，他可以每天早晨花一段时间来评估团队的整体目标和优先事项。然后，他可以根据这些目标和原则，安排团队成员的工作任务，并确保每个人都在作对团队最有价值的贡献。在工作中，他可以时刻保持清醒的头脑，拒绝那些不符合团队目标的干扰，确保团队的工作始终围绕着最重要的任务展开。这样，他就能够更有效地管理时间，提高团队的工作效率和成果。

### 工具一：四个原则识别要事——顶层设计

聚焦意味着选择。

人人都知道聚焦要事，要事优先，但什么是要事？人人也都知道要懂得拒绝，因为要保持精力和专注，聚焦要事。那么哪些事情应该拒绝？人人都知道事情有轻重缓急，先做最重要的事情。那么，如何进行排序，是把领导交办的事放在最前面，还是客户投诉的事放在最前面，或者把先提出的任务要求排在前面？

如果你一直只关心眼前最紧急的事情，就会形成被动响应的工作模式。最终原本重要但不紧急的事情，也都会被拖成紧急的事情，使自己完全丧失自己的工作节奏，疲于应付各种工作，结果还未必能令人满意。

如果管理者对"轻重缓急"没有清晰的判断标准，会认为领导安排的工作永远是最重要的，或者认为催得最急的就是最紧急的。他们可能使用时间管理四象限表，将任务划分为重要紧急、重要不紧急、不重要紧急和不重要不紧急四个象限，以此做出规划。然而，当面临真实问题时，他们往往无法准确判断任务的重要性和紧急程度，导致无法有效执行计划。

确定要事的四个原则

作为经理人，确定自己的要事对于时间管理和工作效率至关重要，需要用到确定要事的四个原则。

原则一：看未来

想象一下你是一个航海家，正驾驶着一艘大船向未知的海洋深处进发。你发现船上装载着一些旧木板和损坏的货物，它们占据了宝贵的空间并增加了船的负重。虽然这些旧物曾对你有用，但现在它们只会拖累你的航程。于是，你决定将它们抛入海中，为船只减负，以便更快地驶向远方的目标。

作为管理者，在面对公司的决策时，我们需要有长远的眼光。不应被过去的投资或成就所束缚，而是要勇敢地甩掉那些不再服务于公司未来发展的"包袱"。只有这样，我们才能轻装上阵，更快地实现公司的长期目标。

原则二：抓机会

设想你是一个登山者，正站在山脚下仰望高耸入云的山峰。你知道前方有崎岖的山路和未知的挑战，但你也看到了山顶那令人向往的美景。你深吸一口气，决定踏上征程。在攀登的过程中，你可能会遇到陡峭的岩壁、湿滑的斜坡和突如其来的风暴，但你始终保持着坚定的信念和勇气，最终成功登顶。

在商业环境中，机会往往伴随着挑战。作为管理者，我们需要像那位登山者一样，敏锐地识别并抓住每一个能够推动公司发展的机会。同时，我们也要勇于面对挑战，将其视为成长和进步的契机。只有这样，我们才能在激烈的市场竞争中脱颖而出。

原则三：做自己

想象一下你是一只独特的鸟，拥有五彩斑斓的羽毛和独特的歌声。在迁徙的途中，你遇到了一个庞大的鸟群，它们都在按照一种固定的方式飞行和歌唱。虽然加入它们可能会让你感到安全，但你深知自己的独特之处。于是，你选择了独自飞翔，用自己的方式展现美丽和才华。管理者同样需要坚守自己的核心价值观和目标。在决策时，我们不应盲目跟风或迎合他人的期望，而是要根据自己的判断和价值观做出选择。只有这样，我们才能保持独特的竞争力和创造力，为公司带来独特的价值。

原则四：高标准

设想你是一个探险家，正站在一片未知的荒野上。你手中拿着一张模糊的地图和一个指南针，但你知道前方隐藏着无数未知的宝藏和奇迹。你满怀激情地踏上了探索之旅，不断挑战自己的极限和认知边界。在旅途中，你可能会遇到险峻的山脉、深邃的峡谷和神秘的洞穴，但你从未放弃过对未知的渴望和追求。

在管理中，追求卓越和勇于探索同样重要。我们需要设定高远的目标，并不断探索新的方法和策略来实现这些目标。同时，我们也要保持谦逊和开放的心态，不断学习和吸收新的知识和经验。只有这样，我们才能不断突破自己的极限和认知边界，为公司创造更大的价值和竞争优势。

表3.1　确定要事的四个原则

| 原则 | 具体举措 | 目标 |
|------|---------|------|
| 看未来 | 评估并淘汰不再具有竞争力的旧技术和产品线 | 轻装上阵，提升研发效率和资源利用率 |
| | 制定下一代车联网产品的长期发展战略和路线图 | 确保未来的产品具有市场竞争力和技术领先地位 |
| 抓机会 | 识别并评估市场上新的技术趋势和潜在的合作伙伴 | 抓住新的技术机会，推动产品创新 |
| | 参加行业展会和技术论坛，了解最新的市场动态和技术动向 | 增加市场敏锐度和行业影响力 |
| 做自己 | 强化部门的核心技术优势，提升自主创新能力 | 巩固公司在车联网技术领域的独特竞争力 |
| | 根据团队的实际情况和优势，制订个性化的发展计划 | 确保团队成员充分发挥其潜力和特长 |

续表

| 原则 | 具体举措 | 目标 |
|------|---------|------|
| 高标准 | 设定产品研发的高标准和质量目标，严格执行质量管理流程 | 提高产品质量，减少后期维护成本 |
| | 持续改进和优化研发流程和工具，提高研发效率和创新能力 | 提升团队的整体研发能力和效率 |

辛经理根据部门职责和岗位贡献要求，确定了下半年的重点工作：通过评估和淘汰旧技术、制定产品长期发展战略，抓住新技术机会并进行市场动态分析，强化核心技术优势，设定高标准质量目标和优化研发流程，确保产品研发与实现、跨部门合作与测试、市场动态与竞品分析及产品规划与迭代这些环节的高效运作，以提升市场竞争力、推动技术创新和团队建设。这还只是第一步，围绕这些要事，后续还需要根据以下几个要素进行重要性排序并匹配相应的时间。

● "内外部客户"需求的紧急程度。

● 是否可以授权给他人完成。

● 要事的复杂程度（流程、决策点、关系）。

● 手上的哪些事情可以暂停。

### 工具二：三个问题做减法——少就是多

聚焦意味着对齐。

为了更好地聚焦于重要事务，需要完整的时间，但是时间不会凭空增加，只能先做减法。减法的核心是将注意力集中在真正有价值的事情上。运用"减法三问"这个工具，它可以帮助你更好地剔除那些不必要、不重要的工作。

"减法三问"是问自己三个问题：

(1) 如果这件事还没开始做，现在还做吗？

这个问题帮助你评估事务的重要性。如果这项工作在一开始就不具备价值，那么现在也可能是不必要的。

如何做减法？

（2）如果这件事现在停止，会有负面影响吗？

这个问题考察事务的紧急性。如果停止这项工作不会带来重大负面影响，那么它可能并不是当前需要关注的事务。

（3）如果把这项工作的骨干抽调出来，会有负面影响吗？

这个问题有助于识别事务的关键性。如果某项工作是整个项目或计划的骨干，抽调是否会引发负面问题，这有助于评估其重要性。

举个例子，假设你在负责一个复杂的项目，其中有很多子任务。通过运用"减法三问"，你可以更有针对性地聚焦于重要事务，避免被琐碎的工作分散精力。

这是一个简单却非常实用的工具，帮助管理者减少包袱，轻装前进。

**工具三：四个步骤有效授权——赶走"猴子"**

聚焦意味着懂授权。

作为新晋管理者，面对员工工作不到位、工作产出不理想的困扰，如何有效地进行授权，确保团队高效运作，是每位管理者必须面对的问题。管理专家威廉在《别让猴子跳回背上：为什么领导没时间，下属没事做》一书中提出的"背上的猴子"理论，为我们提供了一个很好的启示：管理者应该学会将"猴子"——即解决问题的责任交还给员工，从而让自己有更多的时间和精力去处理更为重要的事情。

要实现这一目标，新晋管理者需要遵循四个步骤来有效授权：

第一步：明确任务与责任

首先，管理者需要清晰地界定哪些任务是员工可以独立完成的，哪些任务需要管理者的指导和支持。对于员工可以完成的任务，管理者应该毫不犹豫地授权给员工，让他们承担起解决问题的责任。同时，管理者要与员工明确交付标准和交付时间，确保双方对任务要求有清晰的认识。

授权的四个原则

第二步：提供必要的辅导与支持

对于员工暂时能力不足但"踮脚跳一跳"能完成的任务，管理者需要给予必要的辅导和资源支持，这包括但不限于技能培训、信息提供、资源协调等。这些支持帮助员工提升能力，逐步适应更高层次的工作要求。

第三步：鼓励挑战与承担

对于员工能力差距较大的工作任务，如果员工有意愿挑战，并且管理者在综合考虑任务的紧迫性和重要性之后认为可以承受试错的结果，那么可以鼓励员工去尝试。在这个过程中，管理者需要与员工共同面对挑战，为员工提供必要的补位和支持。同时，管理者也要做好承担结果的准备，以体现对团队的信任和支持。

第四步：学会提问与引导

当员工遇到问题时，管理者不要急于给出答案或解决方案。相反，应该学会通过提问的方式引导员工自己分析问题、寻找解决方案。这不仅可以锻炼员工的独立思考能力，还可以增强员工对工作的投入度和责任感。在提问的过程中，管理者可以运用"你觉得呢"或"你是怎么想的呢"等句式，鼓励员工表达自己的想法和观点。

授之以鱼，不如授之以渔。提出一个新要求，在你向员工说明后，员工自己还需要经历理解、消化、认同的过程，才会采取相应的行动。认为员工应该一说就懂、懂了就做，是管理者不合理的期待。越是复杂重要的事，越是如此。如果急于一时，你就很容易退回到员工的身份去解决问题，变成自己做事或者一直做自己熟悉的事、确定的事。

辛经理：道理我理解了，同时我觉得还需要有勇气。

寇奇：聚焦要事确实需要勇气。在繁忙的工作和生活中，我们往往会被各种琐事、紧急任务或者外界的诱惑分散注意力，而真正重要的、能够推动我们向前进步的事项往往被搁置一边。要敢于聚焦要事，不被眼前的障碍和诱惑所动摇，确实需要一定的勇气。

首先，聚焦要事意味着要拒绝一些看似紧急但并不重要的事情。这可能需要我们拒绝一些来自同事、领导或客户的请求，或者推迟一些原本计划好的任务。这需要我们有足够的勇气去说"不"，因为只有专注于真正重要的事情，我们才能取得更大的成就。

其次，聚焦要事还意味着要面对挑战和困难。要事往往不是轻而易举就能完成的，它们需要我们投入更多的时间和精力，甚至需要我们去学习新的知识和技能。在这个过程中，我们可能会遇到各种挫折和失败，需要有足够的勇气去接受这些挑战，并从中吸取经验教训，不断前进。

最后，聚焦要事也需要我们保持内心的坚定和自信。在面对外界的质疑和压力时，我们要有勇气坚持自己的选择，相信自己能够完成这些重要的任务。这种内心的勇气和自信是我们聚焦要事、实现目标的重要支撑。

总之，时间管理是一件需要"有勇有谋"的事情。我们需要有足够的勇气去拒绝诱惑、面对挑战、保持自信，并坚定地朝着自己的目标前进。只有这样，我们才能真正地聚焦于要事，实现自己的价值和梦想。

## 四、清晰度和灵活度：拆解要事，留出完整时间

要事的确定只是第一步，还需要为要事匹配完整的连续的合理的时间，保证要事有充足的时间来得到执行，明确什么时候该做什么事。

要事确定后，就要结合所需要的流程、决策点、关系等几个方面，将其设计成几个部分。

流程，这个要事的完成需要有哪些关键的动作要执行。

决策点，要事的推进过程中，有哪些重要的决策环节和决策点。

关系，有哪些重要的干系人需要参与到这件事情中来。

以一个很多人都会经历的"项目"要事为例——举办一场婚礼。

男大当婚，女大当嫁，现在一对新人准备在两个月后举行盛大的婚礼，邀请双方的亲朋好友在当地的五星级酒店举行盛大的仪式。根据这件要事的"流程、决策点和关系"进行和拆解，这就包括了几大部分的内容。

表 3.2 拆解婚礼的流程、决策点和关系

| 大类 | 重要工作项 | 目标 | 预估时间 | 流程时间并行 | 决策点 | 干系人 |
|---|---|---|---|---|---|---|
| 婚礼策划与准备 | 确定婚礼预算 | 确认婚礼预算，确保所有环节在预算内 | 1~2 天 | 与场地预订、婚礼策划并行 | 确定婚礼的预算上限和分配优先级 | 新婚夫妻及其父母 |
| | 选择婚礼策划师（如需） | 聘请专业策划师帮助把控婚礼细节 | 1~2 周 | 与婚礼主题和风格设计并行 | 决定是否聘请婚礼策划师 | 新婚夫妻及其父母 |
| | 确定婚礼主题和风格 | 选择婚礼的主题、风格和色调 | 1 周 | 与场地布置、婚纱选购并行 | 选择婚礼的整体风格和主题 | 新婚夫妻、婚礼策划师 |
| 婚礼场地与服务 | 预订婚礼场地 | 选定并预订婚礼仪式和宴会的场地 | 1~2 天 | 与婚礼策划、餐饮服务并行 | 决定婚礼场地的位置、规模和服务内容 | 新婚夫妻、婚礼策划师、场地管理人员 |
| | 确定餐饮服务商和菜单 | 签订合同，确定婚宴菜单和饮品 | 1~2 周 | 与音乐安排、婚礼布置并行 | 选择餐饮公司及确认婚宴菜单 | 新婚夫妻、婚礼策划师、餐饮服务商 |
| | 婚礼场地布置 | 安排场地装饰、花艺、灯光等 | 2~3 天 | 与其他服务协调并行 | 决定婚礼现场的布置方案 | 婚礼策划师、花艺师、装饰团队 |
| 婚礼仪式与庆典 | 安排婚礼仪式流程 | 设计婚礼仪式的各个环节，如誓言、戒指交换等 | 1 周 | 与主持人、音乐安排并行 | 确定仪式流程及各个环节的顺序 | 婚礼策划师、婚礼主持人 |
| | 选择婚礼主持人 | 聘请专业司仪主持婚礼 | 1 周 | 与音乐和娱乐安排并行 | 选择适合的婚礼主持人 | 新婚夫妻、婚礼策划师 |
| | 确定婚礼音乐娱乐安排 | 选择仪式及宴会中的音乐和表演节目 | 1~2 周 | 与婚礼流程安排并行 | 决定婚礼当天的音乐及娱乐节目 | 新婚夫妻、婚礼策划师、音乐团队 |

续表

| 大类 | 重要工作项 | 目标 | 预估时间 | 流程时间并行 | 决策点 | 干系人 |
|---|---|---|---|---|---|---|
| 新郎新娘的准备 | 选购婚纱和礼服 | 选择并定制新娘新娘礼服和新郎礼服 | 4~6周 | 与婚戒选购、化妆和发型安排并行 | 确定婚纱和礼服的设计和风格 | 新婚夫妻 |
| | 购买婚戒 | 购买婚戒并安排刻字等服务 | 1~2周 | 与婚纱礼服选购、仪式安排并行 | 选择婚戒的款式及刻字内容 | 新婚夫妻 |
| | 安排发型和化妆 | 确定婚礼当天的发型师和化妆师 | 1周 | 与婚纱礼服选购并行 | 决定婚礼当天的发型和化妆风格 | 新婚夫妻、发型师、化妆师 |
| 宾客邀请与管理 | 确定宾客名单 | 确定婚礼宾客人数和名单 | 1周 | 与请柬设计和发出并行 | 决定宾客名单及人数 | 新婚夫妻及其父母 |
| | 设计并发送请柬 | 设计、印刷并发送婚礼请柬 | 2~3周 | 与宾客名单制定并行 | 决定请柬的设计和发出时间 | 新婚夫妻、婚礼策划师、设计师 |
| | 安排宾客座位表 | 根据宾客名单安排宾客座位 | 1周 | 与仪式安排并行 | 确定宾客的座位安排 | 新婚夫妻、婚礼策划师 |
| 婚礼摄影 | 聘请摄影师和录像师 | 记录婚礼重要时刻 | 1周 | 与其他准备工作并行 | 选择摄影和录像团队 | 新婚夫妻、婚礼策划师、摄影团队 |
| | 婚礼视频制作 | 制作婚礼纪录片或短片 | 婚礼后2~3周 | 与其他工作无关 | 确定婚礼视频的风格和内容 | 新婚夫妻、摄影团队 |
| 婚礼礼品与纪念品 | 准备婚礼回礼或纪念品 | 采购或定制回礼物品 | 2周 | 与其他准备工作并行 | 决定回礼或定制的类型和数量 | 新婚夫妻 |
| | 安排蜜月旅行 | 预订蜜月行程，安排旅行计划 | 2~3周 | 与婚礼策划并行 | 确定蜜月目的地和行程安排 | 新婚夫妻 |
| 法律手续 | 办理结婚证 | 办理结婚证书和其他相关法律手续 | 1~2天 | 与其他工作无关 | 决定办理结婚证的时间和地点 | 新婚夫妻 |
| | 制定婚前协议（如有需要） | 制定并签署婚前协议 | 1周 | 与其他工作无关 | 决定婚前协议的条款和签署 | 新婚夫妻、法律顾问 |

以上是这件项目（要事）的八大维度，其中包含了流程、决策点关系。表格里的"所需时间"，就是为了完成这个步骤所需要完整的必要时间，时间过长没必要，时间过短效果不好，并且要保证每个板块所需的时间是可以得到保障的，不会因为别的事情出现而打断。因为只有时间充分，才能够有质量地完成这些事项，其他的事情，必须要为这个事情让出时间。

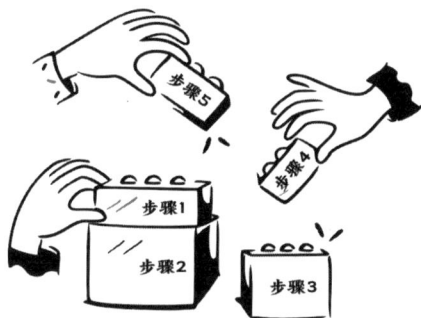

拆解要事，匹配完整时间

同时，对于重要的事，还需要进一步拆解，以保证时间拆解到天。

以"撰写初稿"这个模块为例，进一步拆解。

表 3.3　拆解撰写初稿的要事

| 子工作项 | 目标 | 所需时间 |
|---|---|---|
| 确定婚礼预算 | 确定整体婚礼预算，并按大类分配预算 | 1~2天 |
| 收集婚礼策划师信息 | 调查、筛选并收集多位婚礼策划师的背景和服务信息 | 1天 |
| 与婚礼策划师初步会面 | 与选定的婚礼策划师进行初步会面，讨论需求和愿景 | 1天 |
| 确定婚礼策划师 | 选定合适的婚礼策划师并签订服务合同 | 1天 |
| 确定婚礼日期和时间 | 根据家庭、场地和季节因素，确定婚礼的具体日期和时间 | 1天 |
| 确定婚礼主题和风格 | 选择婚礼的主题、风格和色调 | 1~2天 |

续表

| 子工作项 | 目标 | 所需时间 |
|---|---|---|
| 收集婚礼场地信息 | 调查并收集婚礼仪式和宴会场地的相关信息 | 1天 |
| 实地考察婚礼场地 | 实地考察几处备选场地，评估其是否符合需求 | 1~2天 |
| 确定婚礼场地 | 选定最合适的婚礼场地并签订合同 | 1天 |
| 制定婚礼时间表 | 制定从现在到婚礼当天的详细时间表 | 1天 |
| 制定婚礼当天流程表 | 确定婚礼当天的具体流程和安排 | 1天 |
| 制订紧急应对计划 | 制订应对突发事件的备用计划，如天气变化等 | 1天 |
| 联系其他服务供应商 | 联系并确定其他重要服务供应商，如摄影、音乐等 | 2~3天 |
| 确定婚礼花艺和装饰方案 | 与花艺师讨论并确定婚礼花艺和场地装饰方案 | 1天 |
| 确定婚礼礼品和纪念品 | 选择并采购婚礼礼品或纪念品 | 2天 |
| 确定婚礼节目表 | 规划并安排婚礼仪式及宴会的表演节目 | 1天 |
| 设计宾客邀请卡 | 设计婚礼请柬，确保与主题和风格一致 | 1~2天 |
| 确定婚礼请柬印刷 | 选择印刷公司并安排请柬印刷 | 1天 |
| 确定婚礼座位安排 | 根据宾客名单确定婚宴的座位表和安排 | 1天 |

同埋，可以将"其他维度"这个时间块，拆解成细小的时间块。通过这样一种拆解，既能够培养自己项目管理的逻辑，又能推动这个项目所需的各种资源，尤其是对时间资源进行有效规划。这个表格里都是不同层级的要事。当你执行这个表格时，知道自己一直在围绕这些要事行动。

再列举一个工作中的事例：一个月后，公司将举行各部门的年底述职，每名负责人将有20分钟在台上用PPT展示当年工作总结以及来年工作规划。这个工作总结及规划，就是当前的要事，需要根据"流程、决策、关系"来拆解出其中包括哪些需要完整时间来完成的事项。

表 3.4 拆解年终述职的流程、决策、关系

| 大类 | 工作项 | 目标 | 预估时间 | 决策点 | 干系人 |
|---|---|---|---|---|---|
| 年度工作回顾 | 收集全年工作数据和绩效指标 | 收集并整理部门全年工作的关键数据、指标和成果 | 1周 | 确定哪些数据和指标是展示重点 | 数据分析员 |
| | 评估团队绩效 | 根据绩效指标评估团队成员的表现，识别成绩突出的员工或工作 | 3~4天 | 确定绩效评价的标准和方式 | HR部门 |
| | 整理部门成就和挑战 | 总结全年工作中的亮点与挑战，提炼出具有代表性的案例 | 1周 | 决定哪些成就和挑战在汇报中突出展示 | 团队成员 |
| | 收集员工反馈 | 收集团队成员对年度工作的反馈及对未来改进的建议 | 3~4天 | 确定反馈收集的方式（如调查问卷或访谈） | 团队成员 |
| 来年工作规划 | 设定来年目标 | 确定部门在下一年度的关键目标及优先事项 | 1周 | 决定来年主要目标及其优先级 | 团队成员 |
| | 制订实施计划 | 为实现目标制订详细的实施计划，确定资源需求和时间安排 | 1周 | 确定实施计划的具体内容和时间表 | 相关部门负责人 |
| | 风险评估与应对措施 | 识别来年可能遇到的风险，制定应对策略 | 3~4天 | 确定主要风险和应对措施 | 风险管理部门 |
| 员工沟通与动员 | 召开团队会议 | 与团队分享年度总结和来年计划，激励员工，征集意见 | 1天 | 决定会议的内容、时间和形式 | 团队成员 |
| | 一对一沟通 | 与关键成员进行一对一沟通，听取个人反馈，明确个人目标 | 3~4天 | 决定沟通的主要议题和方式 | 关键团队成员 |
| | 调整团队结构（如有必要） | 根据来年目标和个人表现调整团队结构或职责分配 | 1周 | 决定调整的内容和具体方式 | HR部门 |

| 大类 | 工作项 | 目标 | 预估时间 | 决策点 | 干系人 |
|---|---|---|---|---|---|
| 制作汇报材料 | 撰写年度总结报告 | 撰写详细的年度工作总结，确保所有重要信息准确无误 | 1周 | 确定总结报告的重点和结构 | 文案编辑 |
| | 制作PPT | 设计并制作简洁、重点突出的PPT，突出年度成果和未来计划 | 1周 | 决定PPT的结构、风格和内容 | 设计师、文案编辑 |
| | 审核并修订汇报材料 | 对PPT和总结报告进行审核，确保准确性和逻辑性 | 2~3天 | 确定修订的重点和责任人 | 团队成员 |
| 演练汇报 | 进行汇报演练 | 多次演练汇报，确保演讲流畅、时间把控精准 | 3~4天 | 决定演练次数和每次反馈的重点 | 团队成员 |
| | 收集反馈并调整 | 根据演练反馈进行调整，确保最终汇报材料和演讲效果最佳 | 2~3天 | 确定反馈的主要依据和调整方向 | 团队成员 |

● 流程：包括数据收集、评估、报告撰写、PPT制作和演练等关键步骤。这些是需要执行的具体动作。

● 决策点：在整个过程中，需要做出一些重要决策，例如选择展示的年度亮点、确定来年目标等。

● 关系：涉及部门经理、团队成员、人力资源部门、风险管理部门等不同的干系人或部门，其在各自的环节中发挥重要作用。

总而言之，确定了要事以后，为了保证要事执行的清晰度和灵活度，需要用四步法来拆解要事，匹配时间。

第一步：拆解要事。将要事按照流程、决策点、关系进行拆解。

第二步：细化要事。将要事拆解成若干相对小的事项，并匹配完整的时间。

第三步：刚性实施。务必保证每一个重要工作项不被打断和干扰，对其的时间要求是刚性的、不能改变的。

第四步：动态迭代。在实施的过程中，不断识别接下来的要事是什么、需要的完整时间是多少、如何调整整体时间规划，等等。

在进行时间匹配时，需要警惕三个常见的错误，这三个错误会导致我们对要事的拆解以及时间的匹配不科学、不合理，让计划成为美好的愿望。

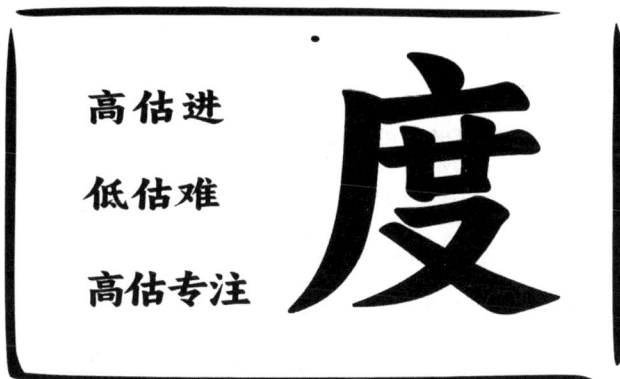

### 1. 高估进度：欲速则不达

很多人在制定时间规划时，常常过于乐观地估计自己的进度，认为能够在短时间内完成大量任务。然而，现实往往并非如此，过于急促的进度安排可能导致工作质量下降，甚至无法按时完成。需要做到以下几点：

深入了解任务：在开始规划之前，对任务进行充分了解和分析，明确任务的难度、所需时间和资源等。

合理设置目标：根据任务的实际情况，合理设置目标和进度，避免乐观估计。

预留缓冲时间：在规划时，为每个任务预留一定的缓冲时间，以应对可能出现的意外情况。

### 2. 低估难度：时间预估少

与高估进度相反，有些人可能低估任务的难度，导致时间预估不足。这种情况下，即使我们全力以赴，也可能无法按时完成任务，从而影响整个计划的进度。需要做到以下几点：

充分考虑风险因素：在制定时间规划时，充分考虑可能出现的风险因素，如技术难度、资源限制等。

请教专业人士：对于不熟悉的任务，可以向专业人士请教，了解任务的实际情况和难度。

不断总结经验：通过不断实践和总结，提高自己的任务评估能力，减少低估难度的风险。

### 3. 高估专注度：同时做多件事情，反而一件事情也做不好

在快节奏的工作环境中，我们往往希望能够同时处理多个任务，以提高工作效率。然而，过度分散注意力往往会导致我们无法专注于某个任务，反而降低工作效率。需要做到以下几点：

审视优先级：将任务按照优先级进行排序，优先处理重要且紧急的

任务。

集中注意力：在处理任务时，尽量保持专注，避免被其他事务分散注意力。可以通过关闭手机、关闭电子邮件通知等方式来减少干扰。

保证充足的时间：为每个任务分配足够的时间，避免过度压缩时间，无法充分完成任务。

## 五、时间复盘，建立正向闭环

寇奇介绍了一个系统的时间管理工具——4F时间复盘，这是一个很实用的时间管理工具，把前面的所有工具做个整合。

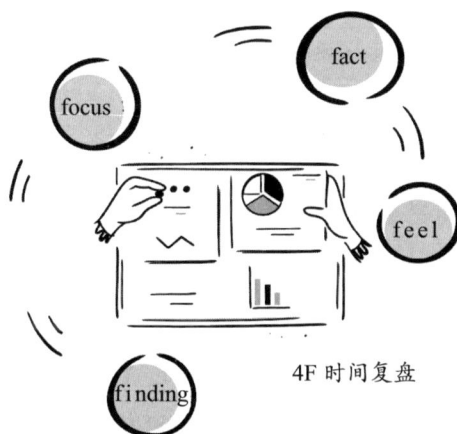

4F 时间复盘

表 3.5　4F 时间复盘步骤

| fact（时间记录） | 记录上周时间分配 | 用合适的方式记录自己的时间花费，比如，使用表格、笔记或手机应用记录上周的每一个时间段的活动 |
|---|---|---|
| feel（感性评价） | 上周的有效性评分 | 请用1到10的分数评价上周的时间利用情况（1代表非常不满意，10代表非常满意） |

续表

| | | |
|---|---|---|
| feel（感性评价） | 上周的时间运用情况 | 请选择以下描述最符合您上周时间利用情况的选项：<br>A. 时间可控，能聚焦要事<br>B. 时间可控，事务性居多<br>C. 时间不可控，能聚焦要事<br>D. 时间不可控，事务性居多 |
| finding（理性分析） | 上周的时间去向 | 绘制时间饼图，标识上周时间分配情况 |
| | 识别时间浪费 | 识别哪些事情可以不做，或者应该安排别人做；使用"三个提问做减法"识别哪些事情可以从未来的计划里删除掉 |
| | 分析任务估算 | 回顾上周任务，分析是否有高估进度、低估难度、高估专注度的情况 |
| focus（以终为始） | 梳理下周要事 | 列出下周三项重要任务，并从贡献的角度明确其重要性 |
| | 安排下周时间 | 在日历上安排这三项要事的时间，确保专注完成 |

它分为fact（时间记录）、feel（感性评价）、finding（时间分析）和focus（以终为始）四个步骤。让我们逐一来了解。

第一步fact（时间记录）：

记录上周的每一个时间段都用于做什么，可以使用表格、笔记或者手机应用来记录，运用自己认为最方便的工具和方式，不需要特别精细，只要能够帮助进行时间运用的回顾即可，目的是全面了解时间的分配情况。

第二步feel（感性评价）：

对上周时间运用的有效性评分：辛经理需要根据自己的感觉，用1到10的分数对上周的时间利用情况进行评价。这一评分可以量化上周工作的满意度。

上周的时间运用情况：辛经理要选择上周的时间利用情况，看属于可控的要事、可控的事务性事项、不可控的要事，还是不可控的事务性事项。通过这个选择，对上周的时间管理情况进行一个定性，为下一步的时间分析做好准备。

第三步finding（理性分析）：

通过绘制时间饼图，将上周工作时间的运用展现出来，辛经理能够清晰地看到自己时间的分配情况。

从时间饼图分析时间浪费：辛经理需要识别时间饼图中哪些活动是可以不做的，哪些可以交给他人，以及哪些可以通过改进方法减少浪费。

分析高估进度、低估难度、高估专注度的事情：辛经理要回顾上周的任务，看看是否有高估或低估的情况，以便更好地估算未来任务的时间。

通过这个步骤，可以识别自己有哪些时间浪费，有哪些时间规划偏差大等，从而看到自己的行动风格有什么特点会影响到时间管理的有效性。

第四步focus（以终为始）：四个原则+减法三问+授权

运用四个原则以及减法三问，梳理出下周的要事：辛经理需要明确下周的三项重要任务，并说明为什么这些任务重要。

安排下周的完整时间：将要事的时间安排在日历上，确保有足够的时间专注完成这些任务。

对于日程表上的其他事件，再进行思考，哪些可以不做，哪些可以别人做。

教练对话结束，寇奇邀请辛经理在本周末就对本周时间运用情况进行盘点。

# 第四节　成长笔记：让时间更有价值

## 一、寇奇笔记

### 1. 阶段进展与反思

辛经理作为新晋管理者，现在正处于面对海量的工作事务疲于奔命的时候——忙碌的杂耍大师、疲惫的超级英雄、迷失的领导者，就是他现在的样子。

管理咨询大师拉姆·查兰在《领导梯队：全面打造领导力驱动型公司》一书中，阐述了领导力发展六阶段需要的领导技能、时间管理和工作理念，从员工到管理者转变，时间管理一直都是重要发展项。对任何人而言，时间都是他们独特的资源。时间像流水，不能储存、不能购买、不可替代，做任何事情都需要时间。时间是限制因素，也是稀缺的资源。如果没有专注在最重要的事情，时间的消耗更快。

好的时间管理是需要顶层设计、需要谋划的，有效时间管理的目标，是集中精力办大事，忙、累、慌都是没有做好时间管理顶层设计的外在表现。对于辛经理而言，重要的是如何确定自己的要事，如何对现在如此多的工作事务"做减法"，如何给重要的事情留出完整的、连续的时间，并且保持目标感、清晰度、灵活度。同时，做减法的勇气也是辛经理需要加强的，因为刚上任，希望做出成果，害怕出错。

因此，时间管理真的是需要"有勇有谋"啊！现在这个阶段正是考验新经理的第一步。

### 2. 下一个阶段计划

关注辛经理在时间运用上的觉察，查看每周的时间4F复盘，看看他是如何反思时间的运用，以及确定要事，并将完整时间匹配给重要的事情的。不仅如此，辛经理还有一个挑战，时间的价值不仅是把完整时间用于要事，更需要通过自己的努力，作出贡献，也就是完成组织对他的岗位贡献的要求。毕竟，管理者的职责就是为公司创造贡献，实现绩效成果的达成。

## 二、辛经理学习笔记

### 1. 阶段进展与反思

时间，这个让我又爱又恨的存在。爱它，因为它是我完成工作、实现梦想的基石；恨它，因为它总是匆匆流逝，让我感觉永远不够用。我曾尝试使用各种时间管理工具，但每次都像是短暂的探险，好奇地开始，却难以坚持。记录时间这件事本身，似乎就消耗了我大量的精力，让我陷入了一个悖论之中。

我现在就像是一个疲惫的超级英雄，感觉自己背负着巨大的责任。每当同事们的进度跟不上时，我总是忍不住亲自去推动，这种"救火队员"的角色让我备感疲惫。我开始意识到，我需要一种好的习惯来帮助我识别哪些事情是我必须做的，哪些是可以委派给别人的。

对于时间管理，我有了新的理解。它不仅是关于如何分配时间，更是关于如何规划生活、如何做出选择。我开始尝试从顶层设计我的时间，把完整的、连续的时间留给那些真正需要它的事情。这种转变让我感受到了前所未有的自由。我意识到，原来时间是可以由我自己掌控的。

然而，我也发现自己在时间管理上缺乏一种勇气。我害怕错过重要的信息，害怕遗漏任何一项任务，这种担忧让我无法真正放松。我开始意识到，我需要学会信任自己，相信自己的判断力和决策能力。只有这样，我才能真正地掌控时间，而不是被时间所控制。

学习时间管理工具的过程让我收获很大。我开始慢慢理解它们背后的原理和逻辑，并开始尝试将它们融入我的生活。我计划每周使用4F时间盘点工具来对时间进行整体规划。这个工具让我能够清晰地看到自己的时间使用情况，并帮助我确定哪些事情是真正重要的。

我知道，时间管理是一个需要不断实践和改进的过程。我不会急于求成，而是会慢慢地形成自己的习惯。我相信，只要我坚持下去，我一定能够找到最适合自己的时间管理方法，让自己的生活更加充实和有意义。

通过4F时间盘点法，我对上周进行了复盘。在feel阶段，我给上周的时间利用情况打了7分。我感觉在有些琐碎事务上花费了较多时间，而对于一些重要项目的投入还有提升的空间。

在finding这一步，通过画时间饼图，我发现一些时间浪费的点。特别是在应对突发事务时，我未能有效规划，导致时间分散。我还发现有些事情可以委托给同事，以减轻自己的负担。

至于下周的三件事，我计划集中精力完成一份关键报告、进行一次战略会议的准备工作，以及启动一个新项目的前期筹备。这样的安排是为了确保我在下周能够专注于最重要和紧急的任务，提高工作效率。

通过这个方法，可以更清晰地了解自己的时间利用情况，并找到提高效率、减少浪费的方法。时间管理的确是一个持续学习和优化的过程。

## 2. 下一个阶段计划

每周一早上的周会，和团队成员沟通本周团队的三件要事、每位成员本周的三件要事，养成习惯，定期运用4F工具来进行时间的盘点，并且和团队成员一起商讨如何更好地运用团队的时间。

# 第四章

## 无长处，不机会

广阔天地，大有作为。前提是：运用好长处。

每个人都是独一无二的，拥有各自独特的天赋、技能和视角，这些长处如同宝贵的资源，等待着被发掘与最大化利用。管理者只要能够精准对接个人长处，深度挖掘个人潜能，就能创造出非凡的价值。

在一个团队会议上，辛经理试图再次激励团队成员要积极地面对挑战，并且夸奖了团队成员近期的表现。

团队中的一位成员刘专嘉表达了自己的看法。刘专嘉认为，辛经理总是一味地夸奖大家，但是感觉都是一些套话，不仅不能激发大家的积极性，更让大家感觉有些不自在。虽然知道辛经理刚上任也在适应中，但是还是想当面表达出来。

刘专嘉说：辛经理，我们感觉你好像在应付我们，每次都是那些标准的套话。如果能够更真实地认可我们的努力，或者提供一些实质性的帮助和反馈，可能会更有意义一些。其他成员也纷纷表示同意，希望能够得到更具体、更实质的激励和支持。我认为，好的表扬，应该可以真正激励到大家。

会后辛经理进行了深度反思，他发现自己激励团队成员的方式似乎陷入了一种单一而过时的模式。他过于依赖简单的点赞和夸赞口头禅，但团队成员并不为之感到激励，反而觉得这是一种套路，甚至有人认为辛经理在打压自己，这使得辛经理感到有些迷茫。

辛经理在和上级高上斯交流的时候提到了这一点，辛经理说自己明明是真心表扬，以此来激励团队成员，但是好像被大家"识破"了，有些沮丧。高上斯说：对于团队的伙伴，应该及时激励和赞扬；同时，表扬和用人一样，都要因人而异，不能泛泛地夸奖。要知道团队管理的目的，就是要把不同专业、不同岗位的人凝聚成一个团队。

如何进行基于长处的表扬

就像乐高积木，每一块都有自己的特点和长处。要搭建所需要的模型，就要善用长处，进行整合。管理者需要认识到团队成员都各有特色，当这些特性被恰当运用时，就会转化为他们的优势。同时要理解，"用人所长"本身就是一种很好的激励方式，既能够实现成果、激发团队，更能够为组织创造更多的机会和可能性。

# 第一节　用人所长意味着什么

长处无处不在，却又不易察觉。

在求职面试或竞聘答辩时，无论是作为面试者还是面试官，常常会被问到："你的长处是什么？"当回答自己长处时，许多人常常感到困惑：要么觉得自己没有什么特别的优点，要么觉得自己有很多，但又不确定对方想要听到的是哪些。

两条小鱼顺流而下，途中遇到了一条逆流而上的大鱼。大鱼说："早啊，孩子们。今天的水怎么样？"两条小鱼礼貌地冲它一笑，继续向前游。过了一会儿，其中一条小鱼问同伴："什么是水呀？"——它已经视水为无物，浑然不觉自己就在其中。

为什么长处往往不能自知

就像故事中小鱼忽视了水的存在一样，人们也常常无视自己的长处。并且，越是自己擅长的事情，反而在日常生活中越容易被忽略。正如小鱼对水的忽视，我们也常常忽略了自己擅长的事情。只有通过自我反思、他人反馈和不断自我提升，我们才能更好地认识到自己的优势，并在关键时刻有效地表达出来，从而在职业生涯中取得更大的成功。

## 一、长处是相对的

长处是指个人在特定领域或活动中所展现出的优势、技能、才能或特质，这些长处使得个人在完成任务、解决问题或达成目标时表现得更为出色。长处可以是天赋，也可以是后天通过学习、培训和实践获得的技能或经验。

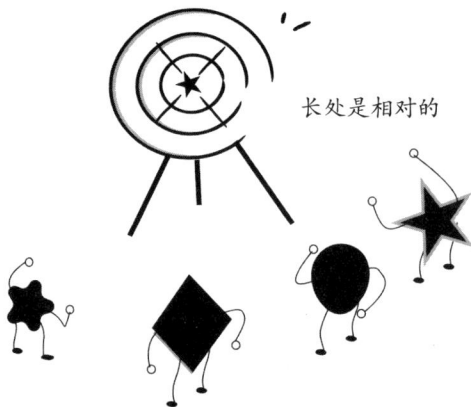

长处是相对的

成为"长处"之前，长处本来只是人的特点。长处之所以成为长处，是相对而言的。比如，一个人做A事情是擅长的，不代表做B事情也擅长。这是因为事情不同，任务不同，"长处"不再是长处，仅仅是一个特点而已。再比如，虽然一个人做A事情擅长，同时也可能有另一个人比这个人更擅长做A这件事情。

### 第一个相对性——相对于目标

长处并非一成不变的固定特质，而是相对的。首先，它是相对于个体的目标。一个人的长处可能在实现自己的目标时发挥得淋漓尽致，但在其他场景可能显得平庸。

一个人在技术领域非常擅长，可以说是一位行业内的佼佼者。然而，当他尝试转型成为团队领导时，发现在协调、沟通和团队管理方面，他并不是那么得心应手。在这个例子中，技术是他的长处，但对于担任团队领导的目标，他需要发展其他方面的能力。

作为管理者特别需要理解这一点，面对不同的任务，需要不同长处的人。再能干的人也有自己的短板。

### 第二个相对性——相对于其他人

在一个群体中，每个人都有着独特的长处，但这些长处会因为环境或任务的不同而呈现出相对性。一个人在某个领域可能是专家，但在另一个领域可能相对较弱。

一个团队项目中，每个成员都有自己的专业领域，长短互补，共同推动了项目的成功。一位同事在数据分析方面非常擅长，另一位则专注于项目管理。每个人都发挥了相对于整体目标的长处，使得整个团队更加协同高效。

因此，团队管理者需要知道用人所长的前提是，理解什么是长处、什么是长处的相对性。只有这样才能更加智慧地用人所长，而不是刻舟求剑地用人所长。

## 二、用人所长的价值

德鲁克认为，管理者如果能充分发挥人的长处，就能使个人目标与组织需要相融合、个人能力与组织成果相融合、个人成就与组织机会相融合。充分发挥人的长处，这是一种行为的态度问题，是对人的尊重、是管理者在行为上的体现、是管理者必须对组织承担的义务，也是为人处世的道理。

在组织管理的实践中，一个核心的原则就是"用人所长"。这不仅是一种管理策略，更是每一位管理者义不容辞的责任。有效识别和利用员工的优点，可以极大地提升团队的整体效能，促进组织的持续发展。

"用人所长"是管理者的责任

用人所长的价值主要体现在以下几个方面：

### 1. 打造有战斗力的团队

长处与短板的关系就如同峰与谷的对立统一一样，相辅相成、互为存在。长处是相对的，意味着在不同的情境中，一个人可能展现出不同的长处。

正如山峰与山谷的关系，有峰才有谷，有长处才有短板。一个人不可能只有长处而没有短板。正是因为这种对立统一，我们才会强调"用人所长、容人所短"。这不仅是在工作环境中，也是在人际关系中的一种理念。

各有各擅长，共创战斗力

也正是通过团队的组合，才能够让每个人的长处最大限度发挥出来。

赵设计师：赵设计师在用户界面和用户体验设计方面有很高的造诣，能够创造出直观且吸引人的产品界面。然而，她可能对技术实现方面的了解有限，需要与王工程师紧密合作以确保设计方案的可行性。

张测试员：张测试员对软件测试有深厚理解，能够发现产品中的潜在问题并提出有效的解决方案。然而，他可能在推动产品改进和提升用户体验方面缺乏主动性，需要李经理和赵设计师的指导，来确保测试工作的针对性和有效性。

在这个团队中，每个成员都有自己的优势和短板。然而通过相互补充和协作，他们能够共同推动项目的成功。李经理的领导和协调能力确保了团队的顺畅运作；王工程师的技术能力解决了复杂的技术难题；赵设计师的创造力提升了产品的用户体验；张测试员的严谨态度确保了产品的质量。这个团队的成功展示了团队成员之间优势互补的重要性。

有战斗力的团队不仅能够"容人所短"，还能"融人所短"，让每个成员的短板变得不明显，甚至通过团队的力量将"短板"变成长处。

## 2. 人才激励的秘诀

著名的咨询公司盖洛普公司通过收集12个不同行业、24家公司、2500多个经营部门的数据，对10.5万名不同公司、不同文化背景的员工态度的分析，发现了12个关键问题（Q12），能反映员工的保留、利润、效率和顾客满意度这四个硬指标。这些问题覆盖了员工对工作、同事、上级以及个人成长等各个方面的感受和看法。通过这些问题，企业可以深入了解员工的需求和期望，从而制定更有效的管理策略。

Q12中，第三项是"在工作中我每天都有机会做我最擅长的事情"。这一问题询问员工是否在日常工作中能够运用他们的特长和优势，这不仅关乎员工个人的满足感和成就感，更体现了企业是否为员工提供了一个能够施展才华、发挥优势的舞台。

当员工能够在工作中经常性地运用他们的优势时，他们的工作积极性和创造力将被极大地激发，为企业带来更高的工作绩效和持续的创新能力。因此，企业应高度重视员工优势的发挥，通过优化工作环境、提供必要的资源和支持，以及鼓励员工自主创新，来确保每位员工都能在工作中实现自我价值，为企业的发展贡献更多力量。

表 4.1　Q12 对管理者的启发

| 类别 | 内容 | 管理者的行动 |
|---|---|---|
| 基本需求（我的目标） | 我知道公司对我的工作要求 | 让员工有方向和目标，知道做得如何，界定正确的结果，增强清晰度 |
| | 我有做好我的工作所需要的材料和设备 | 提供信息和资源，不让员工做"无米之炊"，增强准备力度 |

续表

| 类别 | 内容 | 管理者的行动 |
|---|---|---|
| 管理者支持（我被看见） | 在工作中我每天都有机会做我最擅长做的事 | 发挥潜能，得到认同感、身心愉悦感 |
| | 在过去的几天里，我因工作出色受到表扬。 | 及时的激励，给予成就感 |
| | 我觉得我的主管或同事关心我的个人情况 | 感受到温暖和被关怀，建立情感账户，体验到温度 |
| | 工作单位有人鼓励我的发展 | 关注职业发展，找到合适的位置，看到发展能见度 |
| | 在工作中，我觉得我的意见受到重视 | 集思广益，深度聆听，尊重，创造价值感 |
| 团队合作（我有意义） | 公司的使命/目标使我觉得我的工作很重要 | 了解公司战略，与公司目标建立联系，责任感、使命感 |
| | 我的同事们致力于高质量工作 | 流程分工合理，凝聚力和协作意识，良好的协同度 |
| | 我在工作单位有一个最要好的朋友 | 信任、欣赏的氛围，创造归属感 |
| 成长（我有进步） | 在过去的六个月内工作单位有人和我谈及我的进步 | 定期反馈，看到成长和进步，受到鼓舞，成就感 |
| | 过去一年里我在工作中有机会学习和成长 | 挑战性工作、辅导等机会，适应未来挑战，掌控感 |

发现长处和运用长处是高效且免费的激励工具。不需要用力地夸奖员工，而是用心地去发现员工的长处，并且根据员工的特长和优势来安排工作，使其能够在最适合自己的岗位上发挥最大的价值。通过这些，能够让员工更感觉自己被听见、被看见，能够提高员工的工作效率，让员工感受到自己的价值被认可，从而激发其工作热情和积极性。当员工在擅长的领域取得成功时，他们会获得成就感和满足感。这种正向反馈会进一步激励他们继续努力，为企业创造更多的价值。

### 3. 用人所长意味着为组织创造机会

在竞争激烈的商业环境中，一个组织的成功与否，往往取决于其是否能够最大限度地发挥每个成员的优势。这不仅是一种管理策略，更是一种创造组织机会、推动持续发展的哲学。正如彼得·德鲁克所说："有效的管理者能使人发挥其长处。"而用人所长，就是创造组织机会的关键。

聚焦长处带来机会

每个人都有其独特的天赋和优势，这些优势是组织宝贵的资源。通过识别并发挥这些优势，组织能够更高效地完成任务，提升整体绩效。当员工感受到自己的价值被认可时，他们会更加投入工作，并努力挖掘自己的潜力。这种积极性不仅会带来更好的工作表现，还会激发员工的创新精神，为组织带来更多的机会。

最后，用人所长有助于增强组织的凝聚力。一个能够发挥员工优势的组织，必然是一个充满尊重和信任的环境。在这样的环境中，员工之间更容易形成协作和互补的关系，共同为组织的目标而努力。

某全球知名的科技公司，其成功的背后离不开对人才优势的充分发挥。该公司在用人所长方面采取了多种措施，为组织创造了巨大的机会。

首先，该公司非常注重人才的选拔和招聘。在招聘过程中，该公司会重点关注应聘者的技能和经验是否与公司的需求相匹配，并努力挖掘其潜在的优势。通过这种方式，该公司能够吸引并留住那些具有独特才能和天赋的人才。

其次，该公司为员工提供了广泛的培训和发展机会。该公司相信，员工的成长和进步是公司成功的关键。因此，公司投入大量资源为员工提供各种培训和发展计划，帮助他们不断提升自己的技能和知识。这种关注员工成长的态度使得该公司能够充分发挥员工的优势，为组织创造更多的机会。

最后，该公司鼓励员工自主创新和尝试新事物。在该公司的文化中，失败被视为学习和成长的机会。因此，公司鼓励员工勇于尝试新的想法和方法，即使这些想法和方法最终可能失败。这种鼓励创新的文化氛围使得该公司能够不断推出新的产品和服务，为组织创造更多的机会。

# 第二节　如何发现长处

发现长处有两个步骤：第一步是先看到有长处的行为表现；第二步是根据行为表现去挖掘真正的长处是什么。

## 一、第一步："好想快乐"的行为表现

寇奇说，发现长处并不是很容易的事情，如果你不去用心观察、用心聆听是很难发现的。就像故事中的小鱼一样，身处水中，却不知道水是什么；一个人力大无穷，如果没有用武之地，或者没有和其他人进行比较，他可能永远不知道自己的这个长处。

辛经理很好奇，联想到自己想表扬团队成员，但被认为是打压。他特别想知道，人人都有长处而不自知，那么怎么才能有效地发现自己的长

处呢？

寇奇：我给你一个工具，我把它叫作发现长处的透镜，这个透镜由四个字组成："好、想、快、乐"。我来给你解读一下：

第一个维度：好

这个维度关注的是个人在特定任务或领域中展现出的卓越能力和表现。它要求我们思考，有哪些事情你总是能比别人做得更好？比如，在职场中，有的人在项目管理上总是能做得比别人出色，他们能有效地协调资源，确保项目按时按质完成。再比如，在团队中，有的人在沟通协调方面总是表现得非常出色，他们擅长化解冲突，促进团队成员之间的和谐关系。

发现长处的四字原则

想象一下，一位同事在每次团队会议后，总能迅速而准确地整理出会议记录。他的记录不仅逻辑清晰，而且关键词精准，要点明确。这就是他在"好"这个维度上的优势，他在会议记录这项任务上总是比别人做得好。

第二个维度：想

这个维度关注的是个人的兴趣和热情所在。它要求我们思考，有哪些事情是让你充满期待和热情的？这些活动或任务能够激发你的内在动力，让你愿意投入更多的时间和精力。比如，有的人对新技术充满好奇，总是期待着学习和掌握最新的技术知识；有的人则热衷于公益活动，愿意为社会贡献自己的力量。

一位同事对于员工培训非常热衷。每当有新员工加入，她总是充满期待地准备培训材料，并与新员工进行深入的交流。她享受与员工互动的过程，期待着通过培训帮助员工成长和进步。这就是她在"想"这个维度上的优势，她对员工培训充满热情。

第三个维度：快

这个维度关注的是个人的工作效率和速度。它要求我们思考，有哪些工作自己总是能比别人更快更好地完成？这些工作可能涉及你的专业技能、工作流程优化或者是对工作的深入理解。比如，有的人在数据分析方面总是能迅速找到关键信息，并给出准确的结论；有的人则在处理紧急任务时总能迅速做出决策并付诸行动。

一位同事在月度工作总结和计划方面总是表现得非常出色。他总能迅速梳理出过去一个月的工作成果和不足，并制订出切实可行的下月工作计划。他的工作总结和计划不仅内容全面，而且条理清晰，让人一目了然。这就是他在"快"这个维度上的优势。

第四个维度：乐

这个维度关注的是个人在工作中的体验感和满足感。它要求我们思考，有哪些工作能让自己进入到一种"心流"状态，即完全沉浸在工作中，忘记时间的流逝？这些工作往往与你的兴趣、价值观或者人生目标相契合。比如，有的人在创作过程中能够体验到极大的乐趣和满足感；有的人则在解决问题时能够感受到挑战和成就感。

一位同事在产品设计方面有着极高的天赋和热情。每当她开始设计一款新产品时，她总是能够全身心地投入工作中去，忘记时间的流逝。她享受着从用户需求出发，逐步将产品构想转化为实际产品的过程。每当看到用户因为使用她的产品而感到满意和幸福时，她都会感到无比快乐和满足。这就是她在"乐"这个维度上的优势，她在产品设计工作中能够体验到极大的乐趣和满足感。

总体来说，"好想快乐"工具是一个综合性的长处识别镜，它通过"好、想、快、乐"四个维度，帮助个体和组织全面审视长处所在，作为进一步挖掘的入口。通过这一工具，我们可以更加清晰地认识到自己在哪些领域具有卓越的能力与表现，哪些活动能够激发我们的兴趣与热情，哪些任务我们能够高效完成，以及哪些工作能够为我们带来深层的体验与满足。最终，我们将能够利用这些优势与潜力，实现个人价值的最大化，并在工作与生活中找到真正的快乐与满足。

辛经理尝试运用"好想快乐"原则，来了解团队中的一名下属——徐后贝。

好：我发现徐后贝在技术方面非常出色，他总是能够迅速解决团队在项目中遇到的技术难题。比如，最近一个项目中，出现了一个复杂的编码问题，徐后贝花了很短的时间就找到了解决方案，确保了项目的进度。

想：徐后贝总是期待能够参与一些新技术的学习和应用，他对于行业的发展充满热情。最近，他提出要组织一次内部技术分享会，分享最新的技术趋势和应用经验，这显示了他对于学习和分享的渴望。

快：徐后贝在编码和软件开发上的速度非常快，他总是能够在短时间内完成任务，并且保持代码的质量。在上一次项目中，我们面临了一个紧急的上线任务，徐后贝迅速完成了代码编写和测试，确保了项目按时交付。

乐：徐后贝非常享受和团队成员一起协作解决技术难题的过程。每当团队面临挑战时，他总是充满激情地参与其中，喜欢通过团队合作来攻克难关。他还经常组织一些小型的编程比赛，让团队成员在轻松愉快的氛围中提高技术水平。

寇奇对辛经理的快速运用工具表示肯定，同时告诉辛经理，运用"好想快乐"这个工具，第一步看到的只是现象表现，比如徐后贝能够快速解决编码问题、热爱新技术等。还需要进一步地向下挖掘，去发现其真正的长处是什么。

## 二、第二步：挖掘真实的长处

关于挖掘现象背后的长处，寇奇提供了一张表格进行举例，从现象描述去看到背后的核心长处。

表4.2 从"好想快乐"看核心长处

| 维度 | "好想快乐"现象描述 | 背后核心长处 |
|---|---|---|
| 好 | 总是比别人做得好 | 专业技能强：拥有突出的专业技能和深厚的知识储备，能够高效、准确地完成任务 |
| 想 | 充满期待和热情 | 热情与动力：对特定领域或任务充满热情，有强大的内在驱动力，愿意投入时间和精力去学习和探索 |
| 快 | 比别人更快地完成 | 高效与敏捷：具备出色的时间管理能力和快速决策能力，能够迅速应对各种情况，高效完成任务 |
| 乐 | 体验到乐趣和满足感 | 热爱与成就感：热爱自己的工作，从工作中获得乐趣和满足感，能够保持积极的工作态度和高效的工作状态 |

辛经理立刻打开电脑，开始运用这个工具去梳理徐后贝真正的长处是什么。

表4.3 从"好想快乐"看徐后贝的核心长处

| 维度 | "好想快乐"现象描述 | 背后核心长处 |
|---|---|---|
| 好 | 徐后贝在技术方面非常出色，他总是能够迅速解决团队在项目中遇到的技术难题。比如，最近一个项目中，出现了一个复杂的编码问题，徐后贝花了很短的时间就找到了解决方案，确保了项目的进度 | 技术精湛：徐后贝拥有出色的技术能力和深厚的专业知识，能够快速定位并解决复杂的技术问题，确保项目的顺利进行 |

续表

| 维度 | "好想快乐"现象描述 | 背后核心长处 |
|---|---|---|
| 想 | 徐后贝总是期待能够参与一些新技术的学习和应用，他对于行业的发展充满热情。最近，他提出要组织一次内部技术分享会，分享最新的技术趋势和应用经验，这显示了他对于学习和分享的渴望 | 求知欲强：徐后贝对新技术和行业趋势保持高度关注，具有强烈的求知欲和学习动力，愿意不断学习和提升自己，以应对不断变化的技术环境 |
| 快 | 徐后贝在编码和软件开发上的速度非常快，他总是能够在短时间内完成任务，并且保持代码的质量。在上一次项目中，我们面临了一个紧急的上线任务，徐后贝迅速完成了代码编写和测试，确保了项目按时交付 | 高效执行：徐后贝具备高效的工作能力和快速响应能力，能够在紧急情况下迅速采取行动，确保任务的及时完成。同时，他注重代码质量，保证工作的准确性和可靠性 |
| 乐 | 徐后贝非常享受和团队成员一起协作解决技术难题的过程。每当团队面临挑战时，他总是充满激情地参与其中，喜欢通过团队合作来攻克难关。他还经常组织一些小型的编程比赛，让团队成员在轻松愉快的氛围中提高技术水平 | 团队协作与热情：徐后贝热爱团队合作，享受与团队成员一起解决问题的过程。他具有积极的心态和热情，能够激励团队成员共同面对挑战，提升团队的凝聚力和战斗力。同时，他善于创造轻松愉快的工作氛围，促进团队成员之间的交流和合作 |

基于这个长处，如何充分发挥以及激励呢？

要充分发挥徐后贝的长处并有效激励他，可以从以下几个方面入手：

1. 充分发挥长处

技术挑战与任务分配：给予具有挑战性的技术任务，让他能够运用自己的精湛技术解决问题。在项目中，将关键的技术难题或需要快速响应的部分交给他，以展现其高效执行的能力。

学习与发展机会：鼓励参加技术研讨会、培训课程或在线学习，以满足他的求知欲。允许他主导或参与内部技术分享会，分享他的学习成果和行业见解。

团队协作与领导力：在团队中，为徐后贝创造机会，让他担任技术领导者或项目关键成员的角色，以展现其团队协作和热情。鼓励他组织编程比赛或其他技术活动，以激发团队成员的积极性和创造力。

创新与实验空间：提供一个允许失败和从失败中学习的环境，让徐后贝能够自由探索新技术和应用。鼓励他提出创新性的想法和解决方案，为团队带来新的发展机遇。

2. 有效激励

认可与奖励：及时对徐后贝的出色表现给予认可和奖励，如公开表扬、奖金或晋升机会。设立技术贡献奖或创新奖，以表彰他在技术领域的杰出贡献。

挑战与机会：为徐后贝提供具有挑战性的任务和项目，让他能够不断挑战自我、超越自我。鼓励他参与跨部门的合作项目，拓宽他的视野和人际关系。

学习与成长：为徐后贝提供持续学习和成长的机会，如资助他参加专业认证考试或进修课程。鼓励他参加行业内的交流活动，与同行交流经验、分享心得。

工作环境与氛围：创造一个积极、开放、包容的工作环境，让徐后贝能够充分发挥自己的长处。鼓励团队成员之间的合作与分享，让徐后贝在团队中找到归属感和价值感。

通过充分发挥徐后贝的长处并有效激励他，不仅可以提升他个人的职业满意度和忠诚度，还能够为团队和组织的发展带来巨大的推动力。

总结，"好想快乐"是第一步，看到行为的表现；更重要的是从表面的行为表现，看到行为背后的特质，也就是看到冰山以下的特质。在整个过程中，考验的是管理者日常对员工的关注，认真倾听、用心观察和深度思考，只有这样，才能听到员工的期待和渴望，才能看到员工的擅长与热爱，才能够真正用人所长，让长处富有成效。

教练对话结束，寇奇布置的作业是：辛经理将对徐后贝的发现，直接反馈给徐后贝本人，看看徐后贝本人对这个反馈有怎样的反应；带领团队运用"好想快乐"的工具，互相进行点评。

## 三、盖洛普优势测评

通过"好想快乐"的观察，的确可以看到长处；如果需要更加精准和专业，可以尝试盖洛普优势测评。

盖洛普优势测评是一项基于科学研究的人才评估工具，由盖洛普组织开发。这一测评工具通过研究了数以百万计的个体，收集和分析了他们在工作和生活中的表现，总结出了共同的天赋和优势。

这34项才能被归类为执行力、影响力、战略思维和关系力四大类别。执行力反映了一个人如何完成任务的能力，包括倾向于如何实现目标的才能。这个维度突出的人能够化想法为现实，例如"统筹""责任""专注"。影响力反映了一个人如何对他人产生影响，涵盖了那些倾向于影响他人和环境的才能。这个维度突出的人可以掌控局势、发表观点并确保他人的意见得以表达，例如"沟通""完美"。战略思维指的是如何思考和规划的能力，例如前瞻、回顾和理念。关系力反映了一个人如何建立和维护与他人关系的能力，涉及那些擅长建立和维护人际关系的才能，能够将团队凝聚起来，发挥更大的力量，例如"体谅""伯乐"等。

盖洛普优势测评

如果一位管理者能够有效运用员工的这些才能，可以显著提升团队的整体表现和个人满意度。比如，若一名员工在影响力方面得分较高，显示出出色的表达能力，管理者可以将其安排在客户关系管理或销售团队中，以帮助促进客户满意度和销售成绩。另外，若员工展现出较强的执行力，表现出出色的组织和责任心，管理者可以将其任命为项目经理或关键项目的负责人，以确保项目高效执行并达成目标。

从每个维度中，挑选一个才干来进行介绍：

### 1. 执行力维度的"统筹"才干

具有统筹才干的人善于安排事务和资源，喜欢在复杂和变化多端的环境中工作。他们通常擅长及时调整计划，灵活应对不断变化的情况，能够有效地组织资源以达成目标。

行为特征表现：常常在高压和繁忙的环境中表现出色，能够快速理解和应对复杂的问题，善于协调和安排各种资源。

擅长和不擅长的事情：擅长多任务处理和资源优化，但可能在长期追求单一目标或过度规划时感到挑战。

如何运用：在项目管理、事件策划或资源调配方面发挥重要作用，特别是在需要灵活应对变动和快速决策的环境中。

激励和发展：通过给予更多的自主权和决策权，鼓励他们发挥组织性优势；同时提供培训和支持，帮助他们提高时间管理和优先级处理能力。

### 2. 影响力维度的"沟通"才干

沟通才干强的人擅长表达和传达思想、信息和情感，能够有效与他人建立联系和理解。

行为特征表现：善于用清晰简洁的语言表达复杂概念，能够有效传递信息和激发他人的情感共鸣。

擅长和不擅长的事情：擅长解释复杂概念、激发团队合作和客户关系管理，但可能在要冷静和客观分析时需要额外的努力。

如何运用：在销售、客户服务、公共关系或团队协作中发挥关键作用，帮助提升组织的沟通效率和团队凝聚力。

激励和发展：鼓励他们在发言和表达方面更加自信和具有影响力，提供公开演讲和表达技巧的培训，同时建立支持他们的沟通网络和平台。

### 3. 战略思想维度的"前瞻"才干

前瞻才干强的人能够洞察未来的趋势和机会，思考长远发展，并为未来制定长远目标和策略。

行为特征表现：对未来的趋势和变化有敏锐的洞察力，能够预测市场需求和竞争环境，制定符合未来发展趋势的策略。

擅长和不擅长的事情：擅长战略规划、业务发展和创新，但可能在应对眼前紧急问题和细节管理上需要更多的支持。

如何运用：在战略管理、业务规划和市场分析方面发挥关键作用，帮助组织在竞争激烈的市场中保持领先地位。

激励和发展：鼓励他们深入研究和理解行业趋势，提供机会参与未来导向的项目和创新倡议，同时培养他们的战略思维和领导力。

### 4. 关系力维度的"伯乐"才干

伯乐才干强的人善于发现和培养他人的潜力，通过指导和支持，帮助他人成长和发展。

行为特征表现：善于建立信任和支持关系，能够识别他人的优势和成长机会，并为他们提供指导和反馈。

擅长和不擅长的事情：擅长团队建设、领导力发展和个人成长，但可能需要在做出困难决定和处理冲突时给予额外的支持。

如何运用：在人才发展、团队建设和领导力培养中发挥关键作用，帮助员工实现个人和职业目标。

激励和发展：通过提供导师制度和发展计划，鼓励他们分享知识和经验，建立积极的工作环境和文化，以促进员工的自我成长和团队凝聚力。

# 第三节　基于长处的人才发展

## 一、精准的人岗匹配

角色发展模型能够帮助个人理解组织的要求，然后根据组织的要求去发展能力、发挥潜力。简而言之，角色发展模型就是一个帮助个人找到最适合自己职业道路的工具。

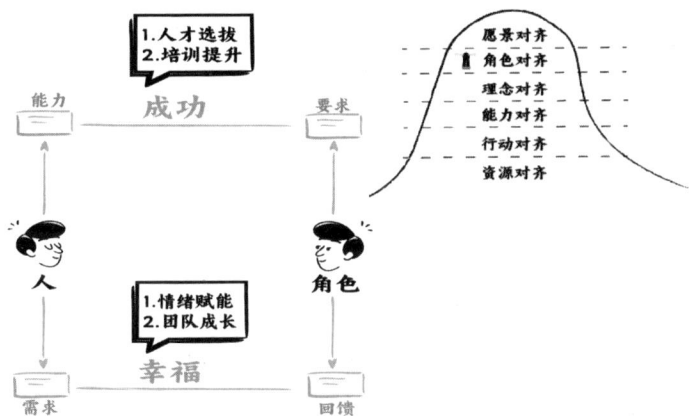

基于长处进行人岗匹配

### 1. 关注从能力到要求这条"成功"线

对于团队内部的发展，管理者也要善用员工的长处。通过观察和评估，我们可以发现员工在某些方面的天赋和优势，然后为他们安排更适合的岗位或任务。这样一来，员工不仅能更好地发挥自己的长处，还能在工作中获得成就感和满足感，进而推动他们的职业发展。

（1）人才选拔

运用长处，选对人才。

在选拔人才时，首先要做的是"看长不看短"。这意味着，管理者要重点关注应聘者的长处和他们的潜在能力，而不仅仅看他们是否符合所有的岗位要求。比如，一个岗位需要很强的数据分析能力，而管理者发现某个候选人虽然经验稍欠，但对数据有着敏锐的直觉和快速学习的能力，那他就很可能是一个好的人选。

比如，一家科技公司正在寻找一名产品经理，他们不仅需要候选人具备市场分析和产品设计的能力，还希望候选人具备良好的沟通能力和团队合作精神。在面试过程中，他们发现一位候选人虽然产品设计经验相对较少，但在沟通方面表现出色，能够迅速理解并传达客户需求，同时展现出强烈的学习意愿和快速适应新环境的能力。基于这些长处，公司决定给予这位候选人一个机会，通过针对性的培训和指导，帮助他快速成长为一名优秀的产品经理。这个案例说明，在选拔人才时，关注并运用候选人的长处，可以为企业带来意想不到的收获。

（2）培训提升

聚焦长处，提升能力。

面对组织的要求，要善用员工的长处。通过观察和评估，可以发现员工在某些方面的天赋和优势，然后为他们安排更适合的岗位或任务。这样，员工不仅能更好地发挥自己的长处，还能够聚焦长处，提升自己的专业能力。

还要根据员工的长处提供针对性的培训机会。比如，如果某个员工在沟通方面特别擅长，可以为他提供领导力培训或公共演讲课程，帮助他进一步提升这方面的能力。这样的培训不仅能让员工更加出色地完成工作任务，还能为组织的未来发展培养更多的领导者。

以一家零售连锁企业为例，他们发现一位门店店长在团队管理方面有着出色的能力，但在数字化营销方面相对陌生。为了进一步提升门店的业绩和竞争力，企业为这位店长安排了一系列关于数字化营销和数据分析的培训课程。通过学习和实践，店长不仅掌握了数字化营销的基本知识和技能，还成功地将这些知识应用到门店的日常运营中。他利用数据分析来优化商品陈列和促销活动策略，大大提高了门店的客流量和销售额。这个案例说明，基于员工长处提供针对性的培训机会，可以帮助他们克服短板、提升能力，并为企业创造更大的价值。

**2. 关注回馈到需求这条"幸福"线**

（1）情绪赋能

识别长处，巧妙赋能。

基于员工的长处给予组织回馈，首先要做的是情绪赋能。这意味着要让员工感受到自己的价值被认可，自己的长处被看见。通过表扬、奖励和提供展示平台等方式，我们可以增强员工的自信心和归属感，让他们更加积极地投入到工作中去。这种正向的情绪反馈不仅能提升员工的工作效率，还能促进团队的和谐与稳定。

比如，在一家创意设计公司中，有一位设计师以其独特的创意和审美能力著称。公司管理层意识到这位设计师的重要性，于是经常在合适的场合表扬他的作品和贡献，并邀请他参与重要项目的策划和设计工作。这种认可和重视让设计师感受到了自己的价值被充分肯定，从而更加积极地投入到工作中去。同时，公司还为他提供了更多的展示平台和学习机会，让他有机会与业界顶尖的设计师交流切磋。这种情绪赋能不仅激发了设计师的创作热情，也带动了整个团队的创新氛围。

（2）团队成长

围绕长处，全周期生涯发展。

我们不能让火鸡爬树，也不能教会一条鱼在天上飞。一个职业经理人如何得到更大的发展，需要聚焦在自己的长处上去进行刻意练习，围绕长处去学习知识、进行实践、积累经验，以及获取反馈，并且在此基础上不断进行螺旋式上升的闭环训练，从而打造未来可持续的职业发展能力。

比如，一个销售团队中有一位成员在客户关系维护方面表现出色，展现出了潜力和才干。但在业绩达成上一直难以突破。通过观察和评估，团队领导发现这位成员在人际交往中非常擅长倾听和理解客户需求，但在销售策略和技巧上有所欠缺。于是，团队领导为他安排了一系列关于销售技巧和策略的培训课程，并鼓励他参与更多的销售实践活动。经过一段时间的努力，这位成员不仅在客户关系维护上继续保持优势，还在销售业绩上取得了显著提升。这个案例说明，通过运用员工的长处并为其提供针对性的发展机会，可以激发他们的潜能并促进个人和团队的共同成长。

## 二、赋能的绩效沟通

寇奇为辛经理介绍了3R绩效面谈工具表，并详细解读每一项指标，同时结合实际工作场景进行讲解。

基于长处的 3R 绩效反馈

表4.4 3R绩效反馈提出的问题及目的

| 维度 | 问题 | 目的 |
|---|---|---|
| 回顾成果<br>（review） | 过去这一年的成果有哪些，给它们排个序 | 结合自己的角色、责任，谈谈对成果的理解（包括直接成果、体系、团队和个人成长） |
| | 在1到10分的范围内给自己工作的有效性打分 | 从哪些维度来理解有效性 |
| | 哪些工作值得做，哪些工作浪费了时间 | 谈谈你时间的运用情况和是否聚焦在要事 |
| 资源盘点<br>（resource） | 知识和能力是否有提升 | 围绕目标，有哪些提升、哪些沉淀 |
| | 发挥了哪些长处 | 是否利用了自己、上级、平级和下级的长处 |
| 未来规划<br>（roadmap） | 明年自己的角色定位是什么 | 谈谈对角色认知、价值贡献的理解 |
| | 明年的主要成果是什么，给它们排个序 | 谈谈对自己明年成果的判断（包括直接成果、体系、团队和自己的成长） |
| | 为了实现成果，重要的事情有哪些，给它们排个序 | 识别关键成功因素 |
| | 为了充分发挥长处，需要采取哪些行动 | 谈谈需要学习和提升什么、需要得到（上级）怎样的支持 |

在年度绩效沟通中，这是一个非常实用的工具，共分成三个步骤来开展。

**第一步：回顾成果（review）**

目的：对过去一年成果达成的有效性进行回顾，盘点时间运用情况，是否围绕着自己岗位角色的贡献在开展工作，是否聚焦在要事上开展工作。

管理者可以提出的问题：

● 请回顾过去一年你的绩效成果有哪些？

- 这些绩效成果和你岗位应该作出的贡献，它们的关系如何？

- 和年初计划的偏差有多少？

- 如果对你过去一年工作有效性打分，1~10分，你打多少分？

- 打分的依据是什么？

- 过去一年你的时间运用得如何？

- 对整体时间的运用如何（围绕哪些时间被充分利用、哪些时间被浪费）？

　　关键点：管理者和员工应对成果的评价达成共识，这是绩效评价非常重要的起点。

### 第二步：资源盘点（resource）

　　目的：回顾过去一年在资源运用上的情况，这些也是下一步工作的资本。

　　管理者可以提出的问题：

- 能力有哪些提升？

- 衡量标准是什么？

- 知识有哪些提升？

- 衡量标准是什么？

- 有哪些新的经验教训？

- 有哪些知识沉淀？

- 个人长处的运用情况是什么？

- 如何运用了上级、平级、下级的长处？

- 哪些关系得到了加强？

### 第三步：未来规划（roadmap）

　　目的：对齐明年的角色定位、成果要求、要事、成果等。

　　管理者可以提出的问题：

- 明年自己的角色定位是什么？
- 重要的成果有哪些？
- 需要发展的能力是什么？
- 有哪些重要的里程碑？
- 面临的挑战是什么？
- 需要什么资源支持？

总的来说，"基于长处的绩效沟通"工具是一个高效促进员工自我认知与成长、优化资源配置的年度绩效评估体系。它通过回顾成果明确成效与定位，资源盘点总结能力与知识积累并识别个人及团队长处，最后在未来规划中精准设定角色、成果与能力提升路径，确保员工与组织目标紧密对齐，共同迈向成功。这一工具不仅增强了绩效管理的透明度与公正性，还促进了管理者与员工之间的深度对话与信任，是推动组织持续发展的重要驱动力。

## 三、系统的工作反馈

领导者与下属之间的有效沟通至关重要，特别是在反馈方面。反馈不仅是指出问题或表扬优点，更是促进员工成长和提升团队绩效的重要手段。FACE模型（fact, affect, capability, engagement）是一种系统化的反馈工具，强调基于员工的长处进行反馈，旨在激励员工发挥优势，实现更高效的工作表现。

### 1. FACE 模型的四个要素

事实（fact）：反馈的首要步骤是陈述具体的事实，描述员工在工作中的具体行为或表现。这一部分要求领导者保持客观、中立，不夹杂个人主观评价。明确具体的事实有助于员工清楚地理解自己做了什么。

影响（affect）：在陈述事实之后，领导者需要解释该行为所带来的影响。这些影响可以是对团队、项目、客户或公司的正面或负面影响。通过描述影响，员工能够更好地认识到自己行为的价值或改进空间。

基于长处的工作反馈

能力（capability）：通过员工的行为和成果，领导者可以展示员工的能力、长处或特质。这一部分帮助员工看到自己的优势，增强自信心。强调员工的能力还可以激励他们在未来的工作中继续发挥这些优势。

承诺（engagement）：最后一步是表达对员工的期待，与员工共同讨论下一步如何更好地发挥这些长处。这一步骤不仅是设定目标，更是与员工一起制订行动计划，确保他们在未来的工作中能够持续进步。

**2. 案例解读**

为了更好地理解FACE模型的使用方法，来看一个具体的案例：

张伟是一名软件开发工程师，最近在项目中成功解决了一个棘手的技术问题。作为他的上级，李经理需要对他的表现进行反馈。

事实（fact）：

李经理：张伟，我注意到你在上周加班进行了代码审查，最终成功解决了系统中的内存泄漏问题。你通过仔细检查和分析代码，找到了问题的根源，并提出了有效的解决方案。

（这一部分中，李经理明确描述了张伟的具体行为，避免了模糊或含糊的表述。)

影响（affect）：

李经理：你发现并修复了这个问题，使得我们的系统运行更加稳定，避免了潜在的崩溃风险。你的努力确保了客户在使用我们产品时的良好体验，这对项目的成功至关重要。

（李经理在这里详细说明了张伟的行为对项目和公司的正面影响，使张伟清楚地认识到自己工作的价值。）

能力（capability）：

李经理：通过这次的表现，你展示了你在代码审查和问题解决方面的卓越能力，同时也体现了你对项目的责任心和专业精神。你的技术专长和细致入微的工作态度是我们团队的一大优势。

（在这一部分，李经理不仅认可了张伟的技术能力，还强调了他的责任感和专业态度，帮助张伟看到自己的多方面优势。）

承诺（engagement）：

李经理：未来，我希望你能够继续在团队中发挥你的技术专长，并且在团队遇到技术难题时，你能主动分享你的解决思路和经验。我们可以共同探讨如何进一步优化系统性能，使项目更加成功。你有任何想法或建议，我们可以一起讨论并制订具体的行动计划。

（最后，李经理不仅表达了对张伟未来的期待，还邀请他参与讨论和计划，增强了张伟的参与感和责任感。）

通过这个案例可以看到，FACE模型不仅帮助领导者系统化地进行反馈，还可以帮助员工明确自己的优势和未来的努力方向。基于长处的反馈，不仅能提升员工的工作动力，还能促进他们的职业发展，从而实现个人和团队的双赢。

# 第四节　基于长处的管理风格修炼

《现在，发现你的领导力优势》一书中说：

近几年，我们研究了许多领导者，他们创建了优秀的学校、大规模的非营利组织，是商业领域的佼佼者，甚至是改变整个国家的领导者，但我们还没有发现两位领导者拥有完全一致的优势。两位领导者可能有完全一样的期待值，但他们达到目标的方式都是用自己独一无二的长处。

打造自己的管理风格

每个管理者都有自己独特的背景、优势和个性，这决定了他们最合适的管理风格是独一无二的。管理风格是不可复制的，因为它需要与个人的长处和特质相结合，才能真正发挥作用。因此，管理者应当专注于打造最适合自己的管理风格，通过发挥自身优势和独特特质，达到最佳的管理效果。这种个性化的管理方式不仅能最大化工作绩效，还能增强团队的凝聚力和创新力，是最有效的管理风格。

## 一、管理者基于自身长处建立有效管理风格的价值

### 1. 最大化绩效

顺应长处进行管理，能够让管理者在自己的强项领域内游刃有余，从而最大化工作绩效。例如，一个技术出身的管理者在技术决策上更具权威性和信心，能够更高效地解决问题，带动团队达到最佳表现。这样的管理风格不仅有助于个人能力的发挥，还能在团队中树立专业形象，增强团队的信任感和凝聚力。

### 2. 起到榜样作用

管理者展示自己的长处，不仅能够增强自身的领导力，还能激励团队成员。员工看到管理者在其擅长的领域表现出色，会更加信任和尊重管理者，同时也会受到激励，努力发挥自己的长处。例如，辛经理如果能够在技术领域展现出色的能力，团队成员就会更加积极地学习和提升自己的技术水平，从而形成一个良性循环。

### 3. 增加工作满意度

运用自身长处进行管理，能够让管理者在工作中感到更加得心应手和满足。这种积极的情绪有助于管理者保持工作热情和动力，从而在长时间内持续推动团队前进。管理者在自己擅长的领域工作，不仅能更好地应对挑战，还能在解决问题和取得成果时获得成就感，进一步增强工作的积极性和投入度。

## 二、如何运用长处建立管理风格

### 1. 识别长处

管理者需要通过"好想快乐"工具、自我反思、同事反馈和专业评估工具等方式，全面了解自己的长处。例如，辛经理的长处在于技术专业知

识、解决问题的能力和团队合作。可以通过心理测评、职业能力测试，以及与同事和上级的沟通，深入了解自己的优势所在，从而更好地在管理工作中发挥这些长处。

### 2. 了解沟通风格、决策模式和管理理念

在识别长处的基础上，管理者需要了解自己的沟通风格、决策模式和管理理念，并将这些元素与长处结合起来。例如，辛经理擅长技术交流，可以采用开放和透明的沟通方式，增强团队的信任感和协作能力。在决策时，他可以结合自己的技术背景，通过数据分析和技术评估做出科学合理的决策，确保项目的成功推进。

### 3. 将长处应用于具体管理实践

管理者应在日常管理中有意识地发挥长处。例如，在技术决策上，辛经理可以通过自己的专业知识引导团队方向；在解决问题时，他可以运用自己强大的分析和解决能力，快速找到有效的解决方案。同时，可以通过建立技术分享会、技术培训等机制，持续提升团队的整体技术能力，形成一个以技术为核心驱动力的高效团队。

## 三、辛经理的管理风格指引

辛经理可以打造"技术驱动型管理风格"。

辛经理的管理风格画像

### 1．强化技术指导与支持

日常技术交流：定期组织技术分享会，与团队成员交流最新的技术趋势和研发经验，提升团队的整体技术水平。辛经理可以邀请公司内外的技术专家来讲座和交流，为团队提供更多的学习和提升机会。

技术决策参与：在关键技术决策中，提供专业的指导和建议，确保项目的技术质量和创新性。辛经理可以建立一个技术决策小组，定期讨论和评估项目中的技术问题和挑战，确保技术方案的可行性和创新性。

### 2．注重问题解决与创新

快速解决问题：利用自身的解决问题能力，及时发现并解决团队在工作中遇到的技术难题，保障项目顺利推进。辛经理可以建立一个问题反馈和解决机制，鼓励团队成员及时汇报和解决工作中的问题，提高团队的整体解决问题能力。

推动技术创新：鼓励团队成员大胆创新，提供资源和平台支持，将创新理念转化为实际成果，为公司创造更多价值。辛经理可以设立创新奖项和项目，激励团队成员提出和实施创新方案，提升团队的创新能力和活力。

### 3．建立开放透明的沟通环境

定期团队会议：通过定期的团队会议，了解团队成员的需求和困惑，及时提供帮助和支持，确保信息流畅通。辛经理可以建立一个开放的沟通平台，鼓励团队成员积极参与讨论和分享意见，增强团队的沟通和协作能力。

一对一面谈：与团队成员进行一对一面谈，了解他们的个人发展目标和工作状态，提供针对性的指导和支持。辛经理可以通过面谈了解团队成员的工作情况和需求，提供个性化的支持和指导，帮助他们更好地发挥自己的长处和潜力。

### 4．关注市场动态与竞品分析

市场趋势分析：时刻关注车联网行业的发展趋势，收集并分析竞品信息，为产品研发提供宝贵的市场参考。辛经理可以建立一个市场研究小组，定期分析和汇报行业动态和竞争态势，为团队的产品研发提供参考和指导。

竞品对比研究：组织团队进行竞品分析、对比研究，找出产品优势和改进方向，推动产品的持续迭代和升级。辛经理可以带领团队进行竞品对比和分析，找出产品的优势和不足，制定改进和优化方案，提高产品的竞争力和市场适应性。

### 5．激励与培养团队成员

公开表彰与奖励：对表现优异的团队成员进行公开表彰和奖励，激励他们的工作积极性和创造力。辛经理可以设立团队奖励机制，对表现突出的团队成员进行表彰和奖励，激励团队成员积极工作和创新。

员工发展规划：帮助团队成员制定个人发展规划，提供培训和发展机会，提升他们的专业能力和职业素养。辛经理可以为团队成员制订个性化的发展计划，提供培训和提升机会，帮助他们不断提升专业能力和职业素养。

通过这样的方式，辛经理可以为自己打造出最适合的管理风格。

# 第五节　成长笔记：让长处富有成效

## 一、寇奇笔记

### 1．阶段进展与反思

作为教练，我常常与不同背景、不同性格的团队成员打交道，帮助他们发现自身的潜力，优化团队的协作。在这个过程中，我深刻体会到了"木桶定律"与团队建设的紧密联系，并有了新的认识和理解。

我们从小接受的教育中，常常提到"木桶定律"——一个木桶的盛水量取决于最短的那块木板。这让我们养成了纠正错误、提升短板的习惯，甚至也习惯于发现别人的短板和不足。然而，在团队建设的实践中，我逐渐意识到，这一定律在团队层面上的解读需要更新。

在团队中，每个成员都像是木桶的一块木板，而团队的整体效能则取决于这些木板之间的紧密程度，即团队成员之间的合作和互补。正如你所说，我的长板可以补足你的短板，你的长板也可以补足我的不足。这种互补性使得团队能够克服个体的局限，发挥出更大的整体效能。因此，用人所长不仅是用一个人的长处开展工作，更是运用好团队每个成员的长处，让他们的长处共建一个坚实的木桶，而让短板消失无踪。

作为管理者，需要具备"识别有效人才"的慧眼，更要有"发现长处"的洞察力。当我们能够发现并运用团队成员的长处时，不仅能够充分调动他们的积极性，形成团队整体合力，还能够为组织带来未来可持续发展的机会。

在与辛经理的合作中，我注意到他习惯于发现问题并解决问题，这可能是专家型人才的特点，他们习惯于发现问题解决问题；甚至没有问题，都要随时观察，等着问题出现。这种思维方式对团队的工作开展和建设方面是不利的。管理者要管理好目标、达成业绩，更要安排好人、融合好团队。如果处处挑人的毛病，根本没法用好长处，更别说激励团队了。

### 2. 下一个阶段计划

识别辛经理对工具的掌握程度；了解辛经理绩效面谈的成果。

## 二、辛经理学习笔记

### 1. 阶段进展与反思

"用人所长"这四个字，在我过往的职业生涯中总是频繁地出现在耳边。然而，作为研发部门的一员，我们总是沉浸在技术的海洋中，对专业性有着近乎苛刻的追求。在团队管理中，我也常常不自觉地以高标准、严要求来衡量每一位同事，用挑剔的眼光去发现他们的问题。

然而，当我真正踏上管理岗位，开始深入思考团队运作的本质时，我意识到自己的想法过于狭隘了。我开始理解，没有谁是完美的，每个人都有自己的长处和短板。作为管理者，我的职责并不是去挑剔和批评，而是要学会如何发掘每个人的长处，并将它们最大化地利用起来。

我开始尝试转变自己的思维方式，从过去的"找茬"模式，转变为现在的"挖掘优势"模式。我意识到，一个优秀的团队并不是由一群完美无缺的人组成的，而是由一群各有长处、能够互补的个体组成的。就像一个全明星球队，虽然每个球员都是高手，但如果没有默契的配合和协作，也难以取得好成绩。

在这个过程中，"好想快乐"这个看似简单的理念，却给了我很大的启示。我开始尝试从更深的层次去挖掘每个人的需求和动力，了解他们背后的故事和动机。这样做不仅让我更好地理解了他们，也让我更容易找到他们的长处，并激发他们的潜能。

现在，我已经养成了在工作中运用大家长处的习惯。我发现，这样做不仅提高了团队的效率，还增强了团队的凝聚力。每个人都感到自己的价值得到了认可，工作起来也更有动力。

建立基于长处的管理风格对我来说至关重要。每个人都是独一无二的，我不可能复制其他的管理经验，只有找到适合自己的方式，才能将团队的优势最大化。说实话，我在刚上任的时候，寇奇问我想成为怎样的管理者，我当时回答是想成为高上斯那样的管理者——权威、专业、情绪稳定、以身作则。当时寇奇提醒我，每个人的管理风格都是独一无二、不可复制的，我当时没有太理解。现在我知道了，为什么独一无二，就是因为每个人的长处不同，每个人的"好想快乐"不同。我们只有基于自己的长处，才能建立起最适合自己的管理风格，扮演好自己的这个岗位角色。

未来，我将继续在这条路上探索和实践，带领我的团队走向更高的峰顶。

### 2．下一个阶段计划

用"好想快乐"，去识别其他人；马上要开启半年的绩效面谈了，我运用3R的工具来设计一下，如何与团队成员来开展半年的面谈，既要谈事情又要关注到人。同时，我更要把自己的长处运用起来，打造好我自己的管理风格。

# 第五章

## 积极关系，成长联盟

一切的烦恼与挑战，都来自关系。

同事间的竞争与合作、上下级的沟通与协调、跨部门的协作与摩擦，这些关系如同一张无形的网，既为职业发展提供了必要的支持与资源，也可能成为阻碍前行的绊脚石。

辛经理坐在办公桌前，面对着电脑屏幕，额头贴着手，一脸困扰。电脑屏幕上显示着项目进度表，红色的延误提示显得格外刺眼。他的思绪杂乱无章，心情愈发沉重。这个项目对于团队来说至关重要，若能顺利完成，将会为公司带来巨大的市场优势。然而，由于一些无法预见的挑战，项目进度比预期慢了许多。

辛经理深知，他需要向上级领导作出解释并寻求帮助，但如何准确、清晰地表达自己的困境，让他感到迷茫。与此同时，隔壁部门的范平集经理也找过他，希望车联网软件研发部加入他们的一个项目。然而，辛经理知道，目前人手紧缺，且这个项目并非优先事项，他实在不愿意投入有限的资源。但如何委婉且明确地拒绝范经理，又成为一个难题。

辛经理的关系挑战

"纷繁复杂"的关系似乎比技术本身要困难太多了。辛经理想到自己成为部门经理后，和同事、平级部门经理、上级之间的关系都在发生微妙的变化。这让他感到有些不知所措。

他想起了高上斯提到的"关系的转变"以及建立积极关系的重要性。辛经理决定给寇奇发信息，请求指导。他写道："寇奇教练，本次沟通，我想围绕第四个习惯——积极关系进行对话。如何处理与上级、平级和团队之间的关系，尤其是在当前项目进展缓慢和额外项目压力下，拓展自己的思维。"

# 第一节 积极关系的价值

## 一、积极关系的意义

《远见》这本书中，作者向我们展示了职业生涯中三个截然不同但相互关联的阶段，教会我们如何不断储备职场燃料以创造长期的成功。这三个燃料是：可迁移的能力、有意义的经验、有质量的关系。这三个要素共同构成了个人职业发展的核心。可迁移的能力指的是那些不受特定环境限制的技能和知识，可以在不同的行业和岗位间流动，为个人提供更广阔的发展空间。有意义的经验是指个人在工作和生活中积累的那些有益于个人成长和职业发展的经历，这些经验可以帮助个人更好地应对各种挑战和机遇。而有质量的关系则是指个人与他人建立的深厚、真诚的人际关系网络，这些关系能够为个人提供支持、帮助和资源，助力其职业生涯的发展和成功。

生涯发展的燃料

在追求组织目标的过程中，我们往往忽视了背后推动力量的重要性。这股力量并非来自某个单一因素，而是源于所有参与者之间所建立的积极关系。当组织中的成员能够上下沟通、平级协同，通过优势互补、共享信息、彼此贡献，这种积极关系便转化为强大的生产力，推动组织不断前进。

组织目标的实现并非一蹴而就，它需要团队中每个人的共同努力。在这个过程中，沟通显得尤为重要。只有上下级之间保持畅通无阻的沟通渠道，才能确保信息的准确传递和决策的迅速执行。同时，平级之间的协同工作也同样关键。当不同部门、不同岗位的成员能够紧密合作、互相支持时，便能形成一股合力，共同应对各种挑战。

关于领导力的研究有一个调查——经理人员晋升的五项关键要素：

表 5.1　经理人员晋升的关键要素

| 项目 | 关系 | 学习 | 绩效 |
|------|------|------|------|
| 要素 | 与上级的关系<br>与平级的关系<br>客户导向 | 即时学习 | 结果导向 |

第一类，关系类因素

1. 与上级的关系

与上级的关系在经理人员的晋升中至关重要。这不仅是指日常工作中的合作和沟通，还包括信任和相互理解。建立和维护良好的上下级关系，有助于获得上级的支持和认可，使得在需要资源和决策支持时更加顺利。同时，良好的关系也意味着经理能够更好地了解上级的期望和目标，从而更有效地达成组织的战略目标。

2. 与平级的关系

与平级的关系同样重要。平级之间的合作与沟通是跨部门协作的基础。良好的平级关系有助于信息共享、资源整合和团队合作，从而提高整体工作效率。在现代企业中，项目往往需要跨部门合作，平级关系的好坏直接影响项目的进展和成败。因此，经理人员需要具备良好的沟通和协调能力，建立和维护与同事的积极关系。

3. 客户导向（与客户的关系）

客户导向意味着经理人员需要关注并理解客户的需求和期望。与客户建立良好的关系，不仅可以提高客户满意度和忠诚度，还可以为公司带来更多的业务机会。经理人员需要具备优秀的客户服务意识和能力，通过倾听和回应客户的反馈，不断改进产品和服务，确保公司在市场中的竞争优势。

第二类，学习类因素——即时学习

即时学习能力是经理人员在快速变化的商业环境中保持竞争力的关键。即时学习指的是在工作中随时随地学习新知识和技能，快速适应变化和解决问题的能力。经理人员需要具备自我反思和持续改进的意识，善于从经验中学习，并将学到的新知识和技能应用到实际工作中。即时学习不仅有助于个人成长，也能提升团队的整体能力和效率。

第三类，绩效类因素——结果导向

结果导向强调经理人员在工作中注重实际成果和目标达成。这意味着经理需要具备强烈的目标感和执行力，能够制定明确的目标，并带领团队有效地实现这些目标。结果导向不仅体现在业绩考核和工作成果上，还包括对过程的优化和改进。一个结果导向的经理，往往能够在压力和挑战下保持高效，带领团队克服困难，达成预期目标。

从以上可以看到，有三项因素与关系密切相关：与上级的关系、与平级的关系以及客户导向。这表明，积极关系在管理者的职业发展中起着至关重要的作用。无论是内部的上下级关系，还是外部的客户关系，这些关系的质量直接影响着经理的管理效果和职业晋升。

在实际管理中，关系并不是单纯的利用与被利用，而应看作共同成长的机会。良好的关系建立在相互信任和理解的基础上，是一种合作共赢的伙伴关系。管理者应当致力于与团队成员、同事和客户共同成长，形成一个相互支持和激励的成长联盟。

此外，良好的关系不仅有助于解决当前的问题，还能为未来的发展奠定坚实的基础。通过建立积极关系，管理者可以获得更多的资源和支持，提升团队的凝聚力和工作效率，从而更好地实现组织目标。

*积极关系就是生产力*

总结来说，关系类因素在经理人员晋升中的重要性不容忽视。积极关系不仅是有效管理的基础，更是实现个人和组织共同成长的关键。管理者应当通过建立和维护积极关系，推动团队和组织的持续发展，最终实现共赢。

## 二、建立成长联盟

当然，和上级、平级、下级之间，首先是工作联盟，因为共同完成组织的目标是首要任务。但不仅如此，每个人在实现业绩目标的时候，都需要成长，在这个背景下，建立"成长联盟"是在工作环境中建立深度信任关系的重要方式，特别是与前同事或现在的下级之间。这种联盟不仅有助于实现个人和团队的共同成长，还能够促进组织内部的协作和效率。换句话说，成长联盟对比工作联盟，本身就具有了更深的信任含义，也有了更长远的意义。

打造成长联盟

### 1. 与前同事（现在的下级）建立成长联盟

在与前同事或现在的下级建立成长联盟时，首先需要明确共创的目标。双方应共同定义明确的工作目标和期望，确保每个人都明白自己在联盟中的角色和职责。这不仅有助于减少误解和冲突，还能够提高工作效率和团队协作的质量。

其次，建立清晰的责任和明确的界限至关重要。每个成员都应清楚自己在联盟中承担的责任，以及与其他成员之间的界限和互动方式。透明和开放的沟通是建立这种联盟的基础，有助于建立起良好的工作关系和信任。

最重要的是，成长联盟需要建立在充分信任的基础上。信任是联盟成功的关键因素，它需要时间和努力来建立。通过始终如一地展示真诚、诚信和可靠性，成员们可以逐步增强彼此之间的信任感，从而更好地实现共同的工作目标和个人成长。

### 2. 建立重要干系人名录以及明确彼此的期待要求

为了有效管理与重要干系人的关系，建立一份详细的重要干系人名录是必要的。这份名录应包括所有与工作相关的人员，不论是内部团队成员、上级、同事，还是外部合作伙伴和客户。

了解客户们需要我的贡献是什么

在名录中，不仅列出每个干系人的联系信息和角色，还应明确每个人的期待和要求。这包括他们在项目或任务中的角色、贡献和期望的成果。通过清晰地定义彼此的期待和要求，可以避免误解和不必要的摩擦，提高工作效率和成果质量。

示例表格：

表 5.2　重要干系人名和示例

| 干系人名称 | 角色／职位 | 联系方式 | 负责区域／项目 | 期望与要求 |
|---|---|---|---|---|
| 张经理 | 部门经理 | zhang@example.com | 车联网软件研发部 | 提供技术指导，支持团队技术成长 |
| 李工程师 | 技术负责人 | li@example.com | 车联网产品研发项目 | 确保项目进度，质量控制 |
| 王姓市场经理 | 市场部经理 | wang@example.com | 市场动态与竞品分析项目 | 提供市场信息，支持产品规划与迭代 |
| 赵姓测试经理 | 测试负责人 | zhao@example.com | 产品测试与验证项目 | 确保产品质量，及时反馈测试结果 |
| 吴姓客户经理 | 客户关系经理 | wu@example.com | 客户导向项目 | 确保客户需求得到满足，维护客户关系 |

此外，定期更新和维护这份名录也是关系管理的重要部分。随着工作

环境和项目需求的变化，可能会出现新的干系人或旧有干系人角色的变化。通过及时更新名录，可以确保团队在沟通和协作中保持高效和协调。

通过建立"成长联盟"，团队成员不仅能够在工作中更加紧密地合作，还能够共同成长并实现更高的工作效能。这种联盟不仅增强了团队的凝聚力和协作能力，还为个人和组织的长期成功奠定了坚实的基础。

## 三、建立深度信任的阶梯

信任是一切合作的基础。

积极关系的核心就是信任，最深度的信任能够带来最积极的关系。当团队成员之间建立了深厚的信任关系时，他们便能够坦诚相待、互相支持。在这种氛围下，成员们愿意分享自己的知识和经验，愿意承担更多的责任和义务。这种信任不仅能够提高团队的凝聚力和协作效率，还能够让组织在面对困难和挑战时更加坚韧不拔。

积极关系是彼此贡献、相互欣赏的。深度信任不仅是一种情感上的联系，更是一种实际的工作需要。它能够让团队成员更加专注于组织目标，减少内部矛盾和摩擦。同时，这种信任还能够激发团队成员的积极性和创造力，让他们更加主动地投入到工作中去。因此，我们可以说积极关系就是生产力。它能够让组织中的每个成员都发挥出自己的最大价值，共同为组织目标的实现而努力。而这种生产力的源泉就在于深度的信任关系。只有当团队成员之间建立了深厚的信任关系时，我们才能够真正地实现优势互补、共享信息和彼此贡献，从而推动组织不断前进。

信任的建立是一个逐步推进的过程，信任阶梯就是一个非常好用的工具。信任阶梯是一个逐步递进的过程，代表了在公司内部建立信任关系的四个关键阶段：放心、轻松、有效和进步。

这四个阶段不仅适用于与上级、下级、平级的合作关系，更是实现团队协同和个人成长的重要基础。

通往信任的阶梯

放心：信任关系的起点，展现个人能力与结果。让合作方对自己的人品、工作成果以及工作能力放心，了解彼此的工作内容和预期结果。用心地维护个人信用，这是建立信任的基石。

轻松：一旦建立了基本的信任，合作伙伴能够在与我们的合作中感到轻松愉快。营造积极、和谐的工作氛围是关键。

有效：在这个阶段，合作伙伴能够感受到我们带来的实实在在的价值。帮助他们实现目标，展现合作的高效性。

进步：信任关系逐步加深，双方共同努力，相互支持，实现个人和团队的共同成长。

总之，积极关系不仅是一种生产力，更是实现个人和组织共同成长的基础。通过建立深厚的信任关系，我们能够真正地实现优势互补、共享信息和彼此贡献，从而推动组织不断前进。

与不同的干系人之间的关系，可能在信任阶梯的不同台阶上。

# 第二节　信任阶梯第一级——放心

在信任构建的宏伟阶梯中，第一级"放心"无疑是最为关键的起点。它不仅是合作关系得以建立的基石，更是后续信任深化与拓展的先决条件。

在这一层级上，核心在于管理合作伙伴的期望，无论是对其人品的信任，还是对成果的期待，都需精心呵护，确保不产生任何意外的落差。为此，我们需要做到"守承诺"与"担责任"，两者相辅相成，共同构建起"你办事，我放心"的坚实信任基础。

## 一、守承诺：铸就信任的金牌

守承诺，不仅是对言语的尊重，更是对个人品格与专业能力的彰显。它要求我们在合作过程中，始终保持高度的诚信与责任感，确保每一个承诺都能得到兑现。这一过程，实际上是对自我形象的精心塑造，即所谓的印象管理。

承诺似金，超越期待

### 1. 展现正直人品

正直人品是守承诺的内在支撑。它要求我们在任何情况下都能坚守道德底线，不为私利所动，始终保持公正、坦诚的态度。这样的品质，能够让合作伙伴感受到我们的真诚与可靠，从而建立起深厚的信任感。

诚信的采购经理：李明是一家制造企业的采购经理，他深知供应商关系对企业发展的重要性。在一次与某关键供应商的合作中，面对原材料价格上涨的压力，李明没有选择单方面转嫁成本给供应商，而是主动与供应商沟通，共同寻找解决方案。他坚守诚信原则，承诺不会利用企业的强势地位压榨供应商，而是寻求双赢的合作模式。这一举动赢得了供应商的深深敬意与长期合作的承诺，也为企业树立了良好的业界口碑。

## 2. 建立个人信用，言出必行

个人信用的建立，是守承诺的直接体现。它要求我们在日常工作中，无论是对上级的汇报、对同事的承诺，还是对合作伙伴的约定，都要做到言出必行、行必有果。这样的行为模式，能够逐渐积累起个人信用，成为合作伙伴信赖的基石。

每个人都有自己的个人信用，我们在不同人心中的信誉，就像在不同银行申请的信用卡，有着不同的额度。用信用卡消费，如果能够按时还钱，银行自然能够给你提高额度，在大额消费的时候，银行可能会用更低的利率借给你钱。和同事相处也是这样，每次接到任务并按照要求完成，自然会进行信用储蓄，一旦有了更加关键的机会，上级也会投给你一票。

我们经常会做使个人信用逾期的事：没有按时完成任务、没有及时反馈、没有做到应该做的事情，等等。比如，上级想知道我的工作进展，我不仅没有完成，而且还说没有时间。这样，我在上级心中的个人信用，就出现信用逾期了。

因此，在个人信用管理上，有一句话，千万不要让上级提出，如果提出，你的个人信用就开始逾期了，这句话就是："那件事做得怎样了？"

*言出必行的项目经理*：张华是某IT公司的项目经理，他负责的一个项目因技术难度高、时间紧迫而备受关注。在项目启动之初，张华就向团队成员及合作伙伴明确了项目目标、时间表及关键里程碑。在项目实施过程中，他始终坚守承诺，无论遇到多大的困难与挑战，都确保项目按计划推进。特别是当某个关键模块因技术难题而面临延期风险时，张华带领团队加班加点、攻克难关，最终按时完成了任务。他的言出必行赢得了团队成员及合作伙伴的高度评价与信赖。

### 3. 培养良好职业心态

守承诺还需要良好的职业心态作为支撑。这包括积极面对挑战、勇于承担责任、保持耐心与毅力等。只有拥有这样的心态，我们才能在遇到困难时不轻言放弃，始终坚守承诺，直至达成目标。

关键时刻展现出职业化态度，关于关键时刻，可以回顾以下的场景，思考在你过去的职业生涯中是否遇到过，当时你是怎么处理的？

- 接到突发、紧急甚至没有遇到过的任务。
- 自己负责的项目不太成功。
- 与上级意见有明显分歧。
- 受到上级批评，甚至是因为被误解而批评。
- 你获得成功的行为表现。

逆境中的坚守：王强是一家外贸公司的销售代表，他负责的市场因国际贸易形势突变而陷入低迷。面对订单锐减、客户流失的困境，王强没有选择逃避或抱怨，而是积极调整策略、寻找新的增长点。他向老客户承诺将一如既往地提供优质服务与产品支持，并努力开拓新市场、开发新客户。经过不懈努力，王强不仅稳住了老客户群体，还成功打开了新的市场局面。他的坚韧与执着赢得了客户的广泛赞誉与信赖。

## 二、担责任：超越期待的行动

担责任，是我们在与客户合作过程中展现出的主动性与担当精神。它要求我们不仅要完成自己的任务，还要勇于承担额外的责任与挑战；不仅要关注当前的工作进展，还要着眼于未来的成果与影响。担责任的过程，实际上是对合作伙伴期待的主动管理与超越。

### 1. 敢于承担任务，不挑三拣四

在合作中，我们难免会遇到一些棘手的任务或挑战。此时，勇于承担、不推诿扯皮的态度就显得尤为重要。它能够让我们在合作伙伴心中树立起可靠、有担当的形象，从而增强彼此之间的信任感。

迎难而上的技术专家：赵敏是一家科技公司的技术专家，她所在的团队负责一个技术难度极高的项目。在项目推进过程中，某个关键模块因技术瓶颈而陷入僵局。面对这一难题，赵敏没有选择退缩或推卸责任，而是主动请缨、迎难而上。她带领团队加班加点、深入研究、反复试验，最终攻克了技术难关。她的勇于承担不仅解决了项目中的燃眉之急，也赢得了团队成员及合作伙伴的高度评价与信赖。

### 2. 锁定结果，开展行动

担责任还要求我们始终围绕目标结果来开展工作。这意味着我们要有清晰的目标意识与结果导向思维，确保每一步行动都能为最终目标的实现贡献力量。

结果导向的销售经理：李娜是一家销售公司的销售经理，她负责的区域市场竞争激烈、客户需求多变。为了达成年度销售目标，李娜采取了结果导向的工作策略。她首先与团队成员共同制订了详细的销售计划，明确了每个季度的销售目标、关键客户群以及销售策略。在执行过程中，她密切关注销售数据，及时调整策略以应对市场变化。同时，她还鼓励团队成员保持客户敏感度，深入挖掘客户需求，提供定制化解决方案。通过这种锁定结果、灵活应对的行动方式，李娜带领团队不仅超额完成了年度销售目标，还赢得了客户的广泛好评与长期合作的机会。

### 3. 展现出良好的工作能力，提升职业能见度

担责任还体现在我们不断提升自身能力、展现专业价值的过程中。通过持续学习、积累经验、创新思维，我们能够更好地应对复杂多变的合作环境，为合作伙伴创造更大的价值。同时，这也能够提升我们的职业能见度，增强合作伙伴对我们的信任与依赖。

要能够"亮成果，秀肌肉"。用心对待每一次的汇报，不仅晒出成果，还要展示能力。简单说，一定要尽可能提升你在合作伙伴心中的能力能见

度。不仅让他们看到你每次工作的成果，更要有意识地让他们看到你的能力，这样才能有机会实现个人从点到线再到面的发展。

专业能力成长的市场分析师：张伟是一家市场研究公司的分析师，他深知在快速变化的市场环境中，专业能力是赢得客户信任的关键。因此，他始终保持着对行业动态的高度关注，不断学习最新的市场分析方法与工具。在一次重要的市场研究项目中，张伟凭借深厚的专业知识与敏锐的洞察力，准确预测了市场趋势，为客户提供了极具价值的决策依据。他的专业能力得到了客户的高度认可，也为公司赢得了更多的业务机会。通过这次项目的成功，张伟在业界树立了良好的口碑，进一步提升了自己的职业能见度与影响力。

在信任阶梯的第一级"放心"上，需要认识到这是建立信任关系的起点与基石。通过"守承诺"与"担责任"两大核心策略，我们成功地在合作伙伴心中树立了诚信可靠、勇于担当的形象。

"守承诺"不仅是对言语的尊重，更是对人品与职业精神的彰显。它要求我们在合作中始终坚守道德底线，言出必行，以实际行动赢得合作伙伴的信任与尊重。同时，良好的职业心态与不懈的努力，也是我们能够持续兑现承诺的重要保障。

"担责任"则体现了我们的主动性与担当精神。在合作过程中，我们勇于承担任务，不推诿扯皮，始终围绕目标结果开展行动。通过不断提升自身能力与专业水平，我们努力为合作伙伴创造更大的价值，展现出专业与可靠的形象。

# 第三节　信任阶梯第二级——轻松

在信任构建的旅途中，第二阶梯"轻松"是通往深度合作与共赢的重要里程碑。这一阶梯的核心在于通过有效的时间与精力管理，为合作伙伴创造一个无忧无虑的合作环境。实现这一目标，关键在于"善沟通"与"给方案"两大策略的实施。

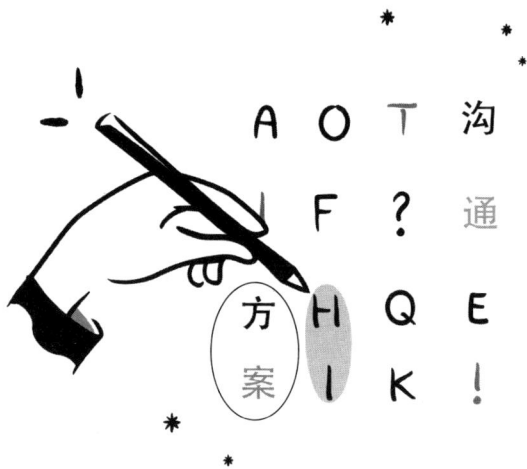

积极沟通，提供方案

## 一、善沟通：构建顺畅的信息与情感交流渠道

### 1. 积极主动开展沟通

积极主动的沟通是打破沉默、预防误解、减少冲突的有效手段。它要求我们在合作过程中，不等待问题出现，而是提前预见并主动发起对话。这种态度体现了对合作伙伴的尊重与关心，也是建立信任的重要基础。通过定期的项目进展汇报、不定期的沟通会议以及随时随地的信息交流，我们可以确保双方对项目的理解保持一致，减少因信息不对称而导致的误解与冲突。

在软件开发项目中，项目经理小张每周都会组织一次项目例会，不仅回顾上周的工作进展，还提前规划下周的任务分配。此外，他还鼓励团队成员通过邮件、即时通信工具等方式随时沟通问题。这种积极主动的沟通方式，让团队成员之间建立了良好的协作关系，也确保了项目的顺利进行。

## 2. 建立有效沟通机制

有效沟通机制是确保信息准确传递、问题及时解决的重要保障。它应该包括明确的沟通渠道、规范的沟通流程，以及及时的反馈机制。通过建立这样的机制，我们可以确保沟通的有序进行，避免信息混乱与延误。同时，它还能帮助我们更好地收集合作伙伴的意见与建议，为后续的决策提供依据。

一家跨国公司在全球范围内开展业务时，建立了完善的沟通机制。他们利用企业社交平台作为主要的沟通工具，不仅实现了信息的实时共享与传递，还提供了多语言支持，确保了全球团队成员之间的顺畅交流。此外，他们还定期举办跨部门沟通会议，邀请不同部门的负责人共同讨论业务发展与挑战。这种多层次的沟通机制，极大地提升了团队的协作效率与响应速度。

## 3. 积极面对冲突

冲突是合作中不可避免的一部分，但我们可以选择积极面对并妥善解决。在冲突发生时，我们应该保持冷静与理性，通过倾听、理解、协商等方式寻求共识与解决方案。同时，我们还应该学会从冲突中吸取教训，不断优化沟通方式与合作流程。

在市场营销策略的制定过程中，不同部门之间因对目标市场的理解差异而产生了分歧。为了解决这个问题，公司组织了一次跨部门沟通会议。在会议上，各部门负责人充分表达了自己的观点与理由，并进行了深入的讨论与协商。最终，他们达成了一致意见，并制定了更加符合市场需求的营销策略。这次冲突的成功解决，不仅展示了公司积极面对冲突的决心与能力，还增强了团队之间的凝聚力与信任感。

## 二、给方案：展现系统性思考与解决问题的能力

### 1. 周密思考，给予系统性反馈

在合作过程中，我们不仅要关注眼前的问题与需求，还要具备系统性思考的能力。这意味着我们要从全局出发，综合考虑各种因素与变量，为合作伙伴提供全面、深入的解决方案。通过系统性思考，我们可以更好地预见潜在的问题与挑战，并提前制定应对策略。同时，我们还能为合作伙伴提供更加精准、有效的建议与指导。

在供应链管理项目中，咨询团队深入了解了企业的运营流程与痛点问题后，提出了一套系统性的优化方案。这套方案不仅涵盖了库存管理的精细化、供应商管理的规范化等多个方面，还考虑了市场需求的变化、竞争对手的策略调整等外部因素。通过实施这套方案，企业不仅显著提升了供应链的运营效率与响应速度，还降低了运营成本与风险。咨询团队的系统性思考与周全反馈赢得了企业的高度评价与信赖。

### 2. 提供方案，让对方有选择权

在给出解决方案时，我们应该充分尊重合作伙伴的意见与需求，提供多个选项或方案供其选择。这样做不仅可以增加方案的灵活性与适应性，还能让合作伙伴感受到被尊重。同时，我们还可以通过提供详细的方案说明与预期效果评估等方式，帮助合作伙伴更好地理解并选择最适合自己的方案。

在产品开发项目中，研发团队根据市场需求与技术趋势提出了多个产品方案。他们不仅详细阐述了每个方案的技术特点、功能优势与市场前景等方面内容，还通过模拟演示、用户测试等方式让合作伙伴更直观地感受产品的实际效果。最终，合作伙伴根据自己的实际情况与需求选择了最合适的方案，并与研发团队共同推进了产品的开发与上市工作。这种提供多个选项并辅以详细指导的做法不仅展现了研发团队的专业能力与服务意识，

还增强了合作伙伴的满意度与信任感。

在信任构建的阶梯中，第二阶梯"轻松"是连接合作双方、促进深入合作的重要桥梁。通过"善沟通"与"给方案"两大策略的实施，我们能够有效管理合作伙伴的时间与精力，为他们创造一个无忧无虑、高效顺畅的合作环境。

"善沟通"不仅是信息传递的媒介，更是情感交流的纽带。它要求我们在合作过程中保持积极主动的态度，建立有效的沟通机制，勇于面对并妥善解决冲突。通过顺畅无阻的沟通，我们可以增进彼此之间的理解与信任，为合作关系的深化奠定坚实的基础。

"给方案"则体现了我们的专业能力与服务意识。在合作中，我们不仅要关注问题的解决，更要注重方案的全面性、系统性与灵活性。通过提供多个选项并辅以详细的方案说明与预期效果评估，我们可以让合作伙伴感受到被尊重与重视，从而增强他们的满意度与信任感。

# 第四节　信任阶梯第三级——有效

在信任构建的征途中，第三个阶梯"有效"标志着一种深度合作的境界，即双方能够携手并进，共同推动项目或任务的成功，使合作伙伴因你的存在而感受到"有你在，我有效"。这一阶段的关键在于"定目标"与"用长处"，通过这两个方面的努力，我们不仅能助力合作伙伴实现其目标，还能在合作过程中深化彼此的信任与默契。

## 一、定目标：知彼知己，理解目标

在"有效"的阶梯上，"定目标"是合作的基石。它要求我们能够深入理解合作伙伴的规划与目标，并将这些目标转化为双方共同的工作方向，确保双方的努力能够形成合力，共同推动项目的成功。

理解目标，扬长避短

## 1. 理解对方规划和目标

理解对方的规划和目标是建立有效合作的第一步。这需要我们主动倾听、积极沟通，深入了解合作伙伴的业务模式、市场定位、发展战略以及当前面临的挑战与机遇。通过这些信息的获取与分析，我们能够更加准确地把握合作伙伴的需求与期望，为后续的合作奠定坚实的基础。

市场部门与产品部门的紧密合作：在某科技公司中，市场部门与产品部门一直保持着紧密的合作关系。市场部门在深入研究市场趋势和用户需求后，制订了详细的市场推广计划，旨在提升品牌形象和市场份额。产品部门在得知这一规划后，迅速响应，根据市场需求调整产品策略，优化产品功能，确保产品能够满足市场需求。同时，两个部门还定期召开联席会议，共同讨论市场反馈和产品表现，及时调整合作策略。通过这种深入的理解和紧密的协作，市场部门与产品部门共同推动了公司业务的快速增长。

### 2. 有效建立贡献点

在理解对方目标的基础上，需要进一步明确自己在合作中的贡献点。这包括明确自身的优势资源、技能专长以及能够为合作伙伴带来的价值。通过有效建立贡献点，能够确保自己的努力直接支持合作伙伴的目标实现，同时也能够在合作过程中不断提升自身的专业能力和市场竞争力。

供应链优化项目的跨部门协作：某制造企业为了提升供应链效率，决定启动一个供应链优化项目。该项目涉及采购、生产、物流等多个部门。为了确保项目的顺利进行，企业成立了跨部门项目组，并明确了各部门的贡献点。采购部门负责优化供应商管理，降低采购成本；生产部门负责提高生产效率，减少库存积压；物流部门则负责优化物流网络，缩短交货周期。在项目实施过程中，各部门紧密协作，共同解决了供应链中的瓶颈问题。通过有效建立贡献点，该项目不仅成功提升了供应链效率，还增强了企业内部各部门的协同作战能力。

## 二、用长处：扬长避短，共创佳绩

在"有效"的阶梯上，"用长处"是合作的加速器。它要求我们能够识别和发掘合作伙伴的长处，并善于利用这些长处来弥补自身的不足，实现优势互补和资源共享。同时，我们还需要主动帮助合作伙伴避免短处的负面影响，共同提升合作效率和质量。

### 1. 识别和发掘长处

识别和发掘长处是合作过程中的一项重要任务。这需要我们具备敏锐的观察力和判断力，能够准确识别合作伙伴的优势资源和技能专长。通过深入了解合作伙伴的团队构成、业务模式和成功案例等信息，我们能够更加全面地把握其长处所在。同时，我们还需要积极与合作伙伴沟通交流，了解其工作习惯和思维方式等个性特征，以便更好地利用其长处来推动合作项目的成功。

技术部门与销售部门的"强强联合"：在某高科技企业中，技术部门与销售部门之间形成了紧密的合作关系。技术部门拥有强大的研发实力和创新能力，能够不断推出具有市场竞争力的新产品。销售部门则具备丰富的市场经验和客户资源，能够迅速将产品推向市场并实现销售目标。在合作过程中，技术部门主动与销售部门沟通交流，了解其市场需求和客户反馈等信息。同时，销售部门也积极向技术部门介绍市场趋势和竞争对手情况等信息。通过这种深入的交流和合作，技术部门能够更加精准地把握市场需求并开发出符合市场需求的新产品；而销售部门则能够借助新产品的优势来拓展市场并提升销售业绩。这种强强联合的合作模式不仅推动了企业的快速发展还增强了企业内部各部门的凝聚力和战斗力。

### 2. 扬长避短

在合作过程中，我们不仅需要善于利用合作伙伴的长处来推动项目的成功，还需要主动帮助其避免短处的负面影响。这需要具备高度的责任心和同理心，站在合作伙伴的角度思考问题并为其提供有力的支持和帮助。通过共同面对挑战和解决问题，能够进一步加深彼此之间的信任和默契，从而提升合作的效率和质量。

人力资源部门与业务部门的协同改进：某企业在发展过程中发现业务部门在人才招聘和员工培训方面存在不足，导致业务发展受到了一定的影响。为了解决这个问题，企业决定加强人力资源部门与业务部门的协同合作。人力资源部门首先深入了解了业务部门的实际需求，包括岗位需求、人才标准以及培训需求等信息。

在信任阶梯的第三个阶梯——"有效"阶段，我们致力于构建一种深度且高效的合作关系，让合作伙伴因我们的存在而感到，"有你在，我有效"。这一阶段的核心在于"定目标"与"用长处"，通过这两方面的努力，我们不仅能够助力合作伙伴实现其目标，还能在合作过程中深化彼此的信任与默契。

定目标：首先，我们深入理解并认同合作伙伴的规划与目标，确保双方的努力方向一致。通过有效的沟通与交流，我们建立了共同的工作蓝图，明确了各自的贡献点。这种明确的目标导向使得双方能够形成合力，共同推动项目的顺利进行。在实践中，无论是市场部门与产品部门的紧密合作，还是供应链优化项目的跨部门协作，都展示了定目标在促进有效合作中的重要作用。

用长处：在合作过程中，我们积极识别和发掘合作伙伴的长处，并善于利用这些长处来弥补自身的不足。通过优势互补和资源共享，我们共同提升了合作效率和质量。同时，我们还主动帮助合作伙伴避免短处的影响，共同面对挑战和解决问题。这种互帮互助的精神不仅增强了团队的凝聚力，还提升了合作的稳定性和可持续性。在人力资源部门与业务部门的协同改进案例中，我们看到了在实际工作中对长处的利用与成效。

# 第五节　信任阶梯第四级——进步

在信任构建的宏伟蓝图中，第四个阶梯"进步"无疑是最为激动人心的篇章。这一阶段，不仅标志着合作双方关系的深化，更预示着双方共同成长的无限可能。在这一阶梯上，我们致力于成为合作伙伴成长道路上的助力者，让"你成长，我进步"成为我们合作的真实写照。以下是对"给激励"与"共创造"两个方面的详细阐述，并配以具体案例。

## 一、给激励：点燃激情，激发潜能

在"进步"的阶梯上，"给激励"是不可或缺的一环。通过及时的表扬和反馈，我们为合作伙伴注入源源不断的动力，激发他们内在的潜能，共同推动合作项目的蓬勃发展。

携手并进，点燃激情

### 1. 对合作伙伴及时表扬

及时的表扬是对合作伙伴努力和成就的认可，它能够极大地提升合作伙伴的自信心和归属感。在合作过程中，我们应该敏锐地捕捉合作伙伴的闪光点，无论是工作中的小进步还是项目中的大突破，都应及时给予肯定和表扬。这种正面的激励不仅能够激发合作伙伴的积极性和创造力，还能够营造一种积极向上的工作氛围，促进双方合作的深入发展。

*上级也需要表扬*：小王在广告公司的创意策划会议上，注意到上级李总监为即将到来的客户评审会准备了一份极其出色的展示，包括翔实的内容和创新的展示手法。她当场表扬李总监的努力和出色表现，指出这种展示方式不仅清晰传达了创意方案，还能大大提升客户的信心。小王的及时表扬让李总监感到被认可，并增强了团队的士气，最终在评审会上赢得了客户的高度赞赏。

### 2. 给予及时反馈

及时的反馈是帮助合作伙伴明确方向、调整策略的重要手段。在合作过程中，应该密切关注合作伙伴的工作进展和表现情况，及时给予具体的、建设性的反馈意见。这种反馈不仅能够帮助合作伙伴认识到自己的优点和不足，还能够为他们提供改进的方向和建议。通过及时的反馈和沟通，可以帮助合作伙伴不断优化自己的工作方式和方法，提高工作效率和质量。

经理与下属的绩效面谈：在某公司的研发部门，张经理负责带领一个由多名工程师组成的团队进行新产品的开发工作。为了及时了解团队成员的工作情况和进展，张经理决定每月与每位下属进行一次绩效面谈。在面谈中，张经理会认真听取下属的工作汇报和遇到的问题，并给予具体的反馈意见。对于下属的优秀表现和创新性想法，张经理会给予肯定和表扬；对于存在的问题和不足，张经理则会提出具体的改进建议和方向。通过这种及时的反馈机制，团队成员能够清晰地认识到自己的工作状态和需要改进的地方，从而更加有针对性地调整自己的工作方式和方法。随着时间的推移，团队成员的工作效率和质量得到了显著提升，新产品的开发工作也取得了重要进展。

## 二、共创造：携手并进，共创未来

在"进步"的阶梯上，"共创造"是双方合作的精髓所在。通过给予合作伙伴支持，并与他们共同追求理想和目标，能够建立起一种更加紧密和持久的合作关系，共同创造更加美好的未来。

### 1. 给予伙伴需要的输入

在合作过程中，应该根据合作伙伴的实际需求和情况，给予他们必要的输入和支持。这些输入可能包括专业知识、技术资源、市场信息等方面的内容。通过提供这些输入和支持，我们能够帮助合作伙伴更好地应对挑战、把握机遇，从而实现更大的进步和发展。同时，这种输入和支持也是我们对合作伙伴的一种承诺和保障，表明我们愿意与他们共同承担风险、分享成果。

内部知识分享平台的建立：在某互联网企业的内部，为了促进不同部门之间的知识交流和共享，公司决定建立一个内部知识分享平台。该平台汇集了公司各部门的专家资源和经验分享内容，包括技术文档、市场分析报告、项目管理经验等。员工可以通过该平台浏览和学习自己感兴趣的内容，也可以将自己的经验和知识分享给其他人。通过这种方式，不同部门之间的员工能够相互学习和借鉴对方的优点和经验，从而不断提升自己的专业素养和工作能力。特别是对于新入职的员工来说，这个平台更是他们快速融入团队、掌握工作技能的重要途径。随着时间的推移，公司内部的知识共享氛围越来越浓厚，员工的整体素质和工作效率也得到了显著提升。

### 2. 与合作伙伴的理想共同前行

在"进步"的阶梯上，我们应该与合作伙伴共同追求理想和目标。这要求我们不仅要关注眼前的合作任务和利益分配问题，还要将目光投向更远的未来，思考如何与合作伙伴携手共进、实现更大的梦想和愿景。通过共同追求理想和目标，我们能够建立起一种更加紧密和持久的合作关系，共同抵御风险、把握机遇，实现双方的共同成长和进步。

战略合作项目的推进：某制造业企业为了拓展海外市场并提升品牌影响力，决定与一家知名的营销咨询公司建立战略合作伙伴关系。双方共同设定了一个宏伟的目标：在未来三年内，将该企业的国际市场份额提升30%，并建立起全球性的品牌形象。为了实现这一目标，两家公司的高层领导进行了多次深入沟通和交流，共同制定了详细的战略规划和实施方案。

在信任阶梯的第四个阶梯"进步"上，我们需要通过"给激励"和"共创造"两个方面的努力，助力合作伙伴的成长和成功。通过及时的表扬和反馈激发合作伙伴的积极性和创造力；通过给予必要的输入和支持以及共同追求理想和目标建立起紧密而持久的合作关系。只有这样我们才能够携手并进、共创辉煌，实现双方共赢的局面。

信任阶梯的第四个阶梯"进步"的核心在于促进合作伙伴的成长与成功，实现双方的共同进步。这一过程要求我们通过"给激励"和"共创造"两大策略来深化合作关系。

"给激励"关键在于及时且具体地认可合作伙伴的努力和成就。通过表扬和反馈，我们不仅能够提升合作伙伴的自信心和归属感，还能激发他们的工作热情和创造力。这种正面的激励机制有助于营造积极向上的工作氛围，推动项目向更高目标迈进。

"共创造"则强调携手并进的合作态度。我们需要提供合作伙伴所需的资源、信息和支持，共同面对挑战，把握机遇。同时，双方应共同设定并追求长远的目标和理想，这种超越短期利益的合作理念能够加深彼此间的信任和依赖，形成更加紧密和持久的合作关系。

# 第六节　成长笔记：建立沟通顺畅的关系

## 一、寇奇笔记

### 1. 阶段进展与反思

阿德勒的这句话"人的一切烦恼都来自关系"简明而深刻，给我带来了许多思考。在人生的旅途中，我们所经历的每一个挑战、每一次烦恼，往往都与我们的人际关系息息相关。

在我的职业生涯和个人成长中，我不断体会到了人际关系的重要性。积极的人际关系不仅可以为我们带来支持和帮助，更能够成为我们发展领导力的重要土壤。在团队中，建立起积极的人际关系意味着团队成员之间的相互信任、尊重和支持。只有在这样的氛围中，我们才能够真正地发挥团队的力量，共同实现团队的目标。

辛经理与上级沟通的机制尚未形成，这可能导致信息传递不畅、目标不清晰等问题。为了解决这个问题，辛经理可以通过定期的汇报会议或一对一会议与上级进行沟通，明确工作目标、任务分配和反馈机制，确保双方对工作进展有清晰的了解和共识。

辛经理在与平级沟通方面花费的时间有限，特别是了解贡献要求方面。这可能导致团队成员的工作目标和期望不明确，影响团队的协作效率和绩效。为了解决这个问题，辛经理可以增加与平级的交流频率，建立起开放式的沟通渠道，及时了解团队成员的需求和挑战，共同制订工作计划和目标。

辛经理与外部客户建立关系的时间较少，这可能影响到公司与客户之间的合作关系和业务发展。为了解决这个问题，辛经理可以专门安排时间与客户进行沟通和交流，了解客户的需求和反馈，及时解决问题和提供支持，促进公司与客户之间的良好合作关系。

辛经理在与下级相处方面主要依赖于开会，缺少单独针对个人的辅导和关注。这可能导致下级的工作需求和成长空间得不到充分关注和支持。为了解决这个问题，辛经理可以安排定期的一对一会议，与下级深入交流，了解他们的工作情况和成长需求，提供针对性的辅导和支持，促进团队成员的个人成长和发展。

通过与团队成员的良好互动和沟通，我们能够更好地理解彼此的想法和需求，减少误解和矛盾的发生。同时，积极的人际关系也能够激发团队成员的工作热情和创造力，促进团队的创新和进步。在这样的团队氛围中，我们可以更加自信地发挥自己的潜力，充分展现个人的领导才能。

### 2. 下一个阶段计划

关注时间投入：关注辛经理在关系管理方面的时间投入情况。包括日常工作安排、时间分配情况以及在关系管理方面所投入的时间和精力。评估其对关系管理的重视程度，发现可能存在的时间管理问题，并提供相应的建议和指导。

了解新发现：了解其对于关系管理的新发现和观察；包括遇到的新挑战、成功的经验以及对于关系管理的新认识；更深入地了解辛经理在关系管理方面的需求和成长空间，为其提供更加个性化的辅导和支持。

## 二、辛经理学习笔记

### 1. 阶段进展与反思

刚开始学习和应用"积极关系""成长联盟""信任阶梯"这些管理概念时，我意识到管理不仅是技术和战略的运用，更重要的是建立和维护人与人之间的信任关系。这一认识不仅深刻影响了我的管理理念，也对我个人的职业发展和团队领导能力产生了深远的影响。

首先，积极关系不是简单的人际交往，它是建立在真诚和信任基础上的互动。在我的职业生涯中，我始终致力于与团队成员建立积极的工作关系。这种关系不仅是工作中的互动，更基于互相尊重、支持和共同成长的理念。通过积极关系的建立，我发现团队的凝聚力和执行力显著提升，因为每个成员都感受到了彼此之间的信任和支持，愿意为共同的目标努力奋斗。

其次，成长联盟的概念让我重新审视了领导者的角色。在过去，我可能更多关注任务的完成和团队的效率，而忽视了个体成员的成长和发展。成长联盟教会我，作为领导者，我应当与团队成员共同探讨他们的职业目标和发展路径，为他们提供支持和资源，帮助他们实现个人的成长与成功。这种心态转变不仅促进了团队内部的协作与共鸣，也为我个人带来了更加丰富和有意义的管理体验。

最后，信任阶梯的概念给我提供了一个清晰的路径，帮助我理解如何在团队中建立和深化信任关系。从放心和轻松开始，到有效和进步，每一个阶段都需要时间和努力去打磨。我学会了如何通过诚信、透明和持续的努力来赢得团队成员和上级的信任，从而在管理中更加游刃有余地推动工作的进展和团队的发展。

## 2. 下一个阶段计划

计划进一步加强与团队成员的沟通和互动；继续推动成长联盟的实践。

# 第六章

## 山在那，共前行

山不仅是目标，更是信念的灯塔；与团队成员携手共进，共同攀登。

面对未知的挑战与责任的重担，管理者选择勇敢地迈出步伐，始终保持着那份初心与热情，与团队并肩前行。领导之路并非坦途，但正是这些崎岖与坎坷，铸就了更加坚韧的自己。

六个月的新任经理转身项目"领队计划"已经接近尾声，A公司总共八名新晋管理者，有七名已经进入转身答辩的准备，另有一名因为没有实现这期间的绩效目标，将延期三个月进入转身答辩。

## 一、项目结束的三方会谈

会议室中，一场"领队计划成果三方会谈"正有条不紊地进行。辛经理、HR经理任姿、研发部高上斯经理和寇奇，以及辛经理的两位下属郑大厂和徐后贝，围坐在会议桌前，就辛经理过去半年的转身情况进行复盘和总结。

### 1. 辛经理的总结发言

"过去的半年对我来说是一次深刻的转变。从技术专家到团队管理者，这段旅程充满了挑战和机遇。在这段时间里，我通过学习和实践，将自己逐步调整到一个全新的角色。我亲身体验了登山模型并将转身的流程和步骤整合起来，并且也体验了'新任经理转身锦囊'，这些工具对我的帮助很大，我相信它们也能为未来的新经理提供有力的支持。"

我的角色与贡献：

"通过角色和贡献对齐表，我明确了自己的角色和责任，并和团队成员一起设定了具体的贡献目标。最初我感到非常迷茫，不知道该如何在团队中定位自己。但通过登山模型，我逐步找到了自己的定位，特别是在新能源汽车项目中，团队协作使我们成功克服了多次技术难题。比如在一次关键的技术攻关中，我组织了跨部门的协作会议，明确了每个人的贡献目标，最终使项目在计划时间内完成。"

我的时间管理：

"集中时间办要事，是我学习到的重要一课。通过时间管理的自测，我发现自己以前是典型的'忙碌的杂耍大师'，总是各种小事缠身。通过运用时间块和4F时间盘点工具，我重新安排了时间表。比如，在新能源汽车项目中，我每周都预留出整块时间来进行重要的战略规划，而不是被各种临时问题打断。这样，我不仅提高了效率，还减少了很多无谓的压力。"

我如何发挥长处创机会：

"发现并运用自己的长处，是我管理团队的关键。在一次团队建设活动中，我运用了'好想快乐'工具，识别出团队成员各自的长处。例如，我发现郑大厂在数据分析方面有出色的能力，于是将一个复杂的数据模型分析任务交给他。他不仅出色完成了任务，还提出了许多创新的见解。通过这种方式，我不仅能够更好地分配任务，还激发了团队成员的潜能。"

我用积极关系建影响：

"积极关系是我学到的另一重要方面。我努力建立信任阶梯，从诚信可靠开始，一步步建立起团队的信任。比如在项目初期，我总是按时交付我的部分，并主动承担责任，这让团队对我产生了信任。后来在项目的关键阶段，我发现团队成员之间的协作也变得更加顺畅。特别是在一次紧急问题处理时，全团队团结一致，迅速解决了问题。"

我的总结与展望：

"通过这些实践，我不仅完成了角色的转变，还取得了实实在在的成绩。现在，我想请我的两位下属郑大厂和徐后贝分享他们看到的我的改变。"

## 2. 下属的反馈

郑大厂的发言：

"过去的半年，我看到了辛经理的巨大转变。最初，他还是一个更多关注技术细节的人，但现在他更多地关注整个团队的协作和发展。特别是在新能源汽车项目中，他通过时间管理的改进，使整个团队的工作效率有了显著提升。以前，我们常常因为临时的问题而手忙脚乱，但现在，辛经理总是能提前预见问题，并预留出解决的时间。"

徐后贝的发言：

"辛经理在团队管理方面的改变让我印象深刻。通过对我们的长处的识别和运用，他不仅激发了我们的潜力，还让我们在工作中感到更加自信和有价值。比如，他发现我在沟通协调方面的优势，常常让我负责跨部门的沟通工作，这让我感到被信任和重视。在团队关系方面，辛经理也做得很好，他总是能够以身作则，建立起一个开放和信任的团队氛围。"

### 3. 高上斯经理的反馈

"我对辛经理过去半年的表现非常满意。在自我角色认知方面，他不仅能够明确自己的定位，还能够有效地承担起团队领导者的责任。例如，在一次重要的项目会议上，他能够准确地分析问题，并提出建设性的解决方案。在目标达成方面，辛经理领导的C5产品定位设计取得了显著的进展，这是他在目标设定和执行方面能力的体现。"

案例支持：

"有一次，我们的一个子项目遇到了严重的技术问题，辛经理迅速组织团队进行分析，并制定了详细的解决方案。通过他卓有成效的领导，这个问题不仅得到了及时解决，还为后续项目的顺利推进奠定了基础。在团队能力方面，辛经理通过有效的任务分配和团队激励，使团队的整体能力有了明显的提升。"

### 4. 寇奇的回顾和总结

"在辛经理的转身过程中，我们围绕着转身的四个标准，经历了四个关键阶段：角色认知、目标达成、团队发展和积极关系。每个阶段都有其独特的挑战和机遇。"

角色认知阶段：

"角色认知是前行的罗盘。在初期阶段，辛经理需要从技术专家的身份转变为团队管理者。这时候，我们主要采用了自我反思和角色认知对话的方法。通过一系列的问题引导辛经理思考自己的优势和劣势，并明确他在新角色中的责任和定位。比如，我们讨论了他在团队中的核心价值是什么，如何利用自己的技术优势来提升团队的整体能力。在这个阶段，辛经理逐渐从过去的技术细节中抽离出来，开始关注整个团队的协作和发展，关注带领的部门对组织、对其他团队的贡献是什么，并且能够运用贡献这个灯塔去识别真正能够创造价值产生贡献的人才。"

目标达成阶段：

"时间有限，价值无限。进入目标达成阶段，我们看到了时间的有限性，这也意味着需要提升时间的价值，时间的管理是需要顶层设计的。因此我们梳理了辛经理时间管理特点，并且运用相关的工具来聚焦要事，通过做减法来做加法，通过时间复盘工具来形成良性的时间管理闭环，支持辛经理形成时间顶层设计的习惯。只要能够养成这些习惯，就会发现，时间是有限的，但是创造的价值却是无限的。"

团队发展阶段：

"在团队管理阶段，我们着重于提升辛经理的团队领导能力，首先在于用人所长。用人所长是管理者的职责，也展现了对人的尊重和价值观，用人所长也能给组织带来更多的机会。通过团队角色分析和长处识别工具，我们帮助辛经理识别出每个团队成员的长处，并根据这些长处进行合理的任务分配。比如，辛经理发现一位成员在数据分析方面有出色的能力，于是将复杂的数据分析任务交给他，并给他更多的展示自我的机会。这不仅提高了工作的效率，还激发了团队成员的潜能。在这个阶段，辛经理逐渐学会了通过有效的团队管理来提升团队的整体能力。"

积极关系阶段：

"关系就是生产力。最后一个阶段是积极关系阶段。在这个阶段，我们主要通过信任阶梯模型，帮助辛经理建立起与团队成员之间的信任关系。通过放心、轻松、有效、进步四个台阶的学习，辛经理理解了一步步建立起信任的方式。比如，在项目初期，辛经理总是按时完成自己的任务，并主动承担责任，这让团队对他产生了信任。随着项目的推进，团队成员之间的协作也变得更加顺畅，整个团队的工作氛围得到了显著的提升。同时，辛经理通过聚焦贡献，明确了工作中的重要干系人，并通过建立良好的沟通机制、聚焦共同目标、彼此帮助等方式，与干系人建立了积极的关系，这也是信任阶梯良好运用的结果。"

看到的辛经理的变化及案例：

"辛经理在整个转身过程中展现出了极强的学习能力和适应能力。他不仅能够迅速将教练工具应用到实际工作中，还能够在实践中不断优化和提升自己。有一次，辛经理在多个项目的时间安排上遇到了冲突，他通过时间块工具，将重要任务合理分解，预留出完整的时间进行处理，最终所有项目都按时完成。这种高效的时间管理，使他不仅能够专注于战略规划，还能够有足够的时间与团队成员进行深入沟通和交流。"

### 5. 人力资源经理任姿的总结

"辛经理的转身项目取得了显著的成效，这是公司在管理者发展方面的重要里程碑。过去半年中，辛经理从一个技术专家转变为一个卓有成效的团队管理者，充分展现了他的领导能力和管理才能，当然，这也是高上斯、寇奇和辛经理及其团队成员共同努力的成果。"

关于辛经理的变化：

"辛经理在多个方面展现出了显著的变化。他不仅在自我管理方面取得了巨大进步，还在团队管理、时间管理和关系建设方面实现了全面提升。特别是在新能源汽车项目中，他多次带领团队克服技术难题，通过有效的时间管理和团队激励，确保了项目的顺利推进。这种全面的转变和提升，使他成为公司管理者的典范。"

关于"领队计划"的成果：

"公司从今年开始领队计划，引入了管理教练的角色，旨在帮助新晋管理者快速适应新的管理角色。通过管理教练的引导和支持，我们的转身项目取得了显著的成效。比如，除了辛经理，其他六名新晋管理者也通过教练项目，实现了从业务专家到团队管理者的顺利转身，正在进行最终的答辩准备。通过系统的培训和个性化的教练，我们的管理者在领导力、执行力和团队管理能力方面都有了显著的提升。"

公司管理层的高度认可和评价：

"公司管理层对'领队计划'项目给予了高度的认可和评价。大家普遍认为，通过管理教练的支持，我们的管理者不仅能够更快地适应新角色，还能够在工作中展现出更高的管理水平和领导力。这不仅提升了整个公司的管理水平，还为公司的长远发展奠定了坚实的基础。"

项目沉淀：

任姿同时介绍了本次项目推进过程中，学员、教练、业务领导等共同总结出来的"新晋管理者发展的登山模型"，包括角色与贡献、时间管理、长处发挥和积极关系等方面的工具和方法，以及新晋管理者发展的成长锦囊，为未来的新晋管理者提供了宝贵的经验和指导，这些内容也将被补充到公司的《管理者手册》中。

在三方会谈的最后，各方达成了一致意见，认为辛经理的转身项目取得了圆满成功，并为公司的管理者发展树立了新的标杆。人力资源经理任姿表示，公司将继续支持和推广这种管理教练模式，帮助更多的新晋管理者顺利转身，提升公司的整体管理水平。

## 二、登山模型和管理者锦囊

"新晋管理者发展的登山模型"从山脚下一直延伸到山顶，这是一个攀登的过程，也是一个管理者从登山队员成为领队的训练过程。

登山模型总共分为三个板块：

大本营代表了攀登的起点，进行环境的理解和心态的准备；巩固反思代表了阶段性训练后的反思环节。攀登的过程包括四个阶段，每个阶段代表着一个新习惯的养成，实现一个转身的阶段性的里程碑。

【大本营】

大本营代表了攀登的起点，是进行环境理解和心理准备的阶段。在这个阶段，管理者需要作好充分的准备，以应对即将到来的挑战和责任。

目标：做好登山前的准备，为即将开启的"领队"角色做好心理准备。

应知应会：

● 了解"领队计划"的目的和目标；

● 深入理解组织的现状和外部环境，包括市场动态、竞争对手分析等；

● 理解团队成员的特点，明确个人贡献者与团队管理者的区别；

● 明确新晋管理者面临的挑战，例如角色转换带来的压力和责任；

● 自我管理是新晋管理者的首要任务；

● 了解新晋管理者从上任到胜任的四个标准：角色认知、目标达成、团队能力、积极关系；

- 理解并养成四个重要的管理习惯：明确要求作贡献、集中时间办要事、发挥长处找机会、积极关系建影响；

- 与下属分享并探讨这四个管理习惯，建立共同的工作方式和标准。

可运用的支持工具：

- 管理者手册，包含角色定位、职责分工等；

- 新经理、新经理上级、人力资源、教练共同参与的三方会谈；

- 管理者自测表；

- 管理者事半功倍习惯的问卷。

攀登第一阶段【角色认知阶段】

目标：向上对齐新岗位的角色要求，清晰地认识自己在组织中的角色，并理解自己需要承担的责任和贡献，并且能够运用"贡献思维"把好团队管理第一关：人才选拔。

应知应会：

- 老路走不到新地方，新岗位需要进行角色的重新对齐；

- 角色对齐的意义和价值，通过角色对齐明确自身职责和团队目标；

- 角色对齐需要从愿景到资源六个维度全面进行；

- 能力不等于成果本身，贡献才是衡量价值的标准；

- 贡献是灯塔，是否具有"贡献意识"是选拔人才的关键点。

可运用的支持工具：

- 角色认知对齐表，帮助管理者明确自身角色和职责；

- 角色发展模型，规划个人和团队的长期发展路径；

- 识别有效人才的18个提问，通过系统性问题识别和选拔人才。

攀登第二阶段【目标管理阶段】

目标：能够聚焦要事开展工作，为要事匹配黄金时间，从而实现目标感、清晰度和灵活度，带领团队始终聚焦目标，并有效运用时间，将时间的价值最大化。

应知应会：

● 时间的特点；

● 时间管理需要顶层设计；

● 什么是有效的时间管理；

● 有效时间管理者的特征和行为模式；

● 运用借助管理者自身特点进行时间管理；

● 确定要事的原则，通过明确优先级高效安排工作；

● 匹配完整的时间的方法；

● 需要形成时间管理的闭环，通过定期回顾和调整不断优化时间管理策略。

可运用的支持工具：

● 时间管理自测表，评估个人时间管理的现状和改进方向；

● 聚焦要事的四个原则，帮助识别和优先处理重要任务；

● 做减法的三问，通过简化任务提高效率；

● 有效授权的四步法，合理分配任务以提升团队整体效率；

● 零存整取的时间块方法，通过合理分配时间块提高工作效率；

● 4F时间复盘工具，通过定期复盘总结经验，持续改进时间管理策略。

攀登第三阶段【团队发展阶段】

目标：能够理解用人所长的价值，学习到识别长处和运用长处提升工作效率的方法，并通过用人所长，打造有战斗力的团队。

应知应会：

● 长处是相对而言的，目标不同、同伴不同，长处也不同；

● 用人所长的价值，通过发挥个人长处提高团队整体绩效；

● 利用发现长处的方法，通过观察、反馈和测评等手段识别团队成员的优势；

● 如何运用长处引领团队，通过合理分配任务和角色激发团队潜力；

- 如何运用团队建立自己的管理风格，形成独特的领导力。

可运用的支持工具：

- 识别长处的"好想快乐"；
- 基于长处的3R绩效沟通；
- Q12工具表，评估团队成员的满意度和投入度，识别改进方向。

攀登第四阶段【积极关系阶段】

目标：建立良好的人际关系，并通过有效的沟通和合作，提升团队的凝聚力和工作效率，建立共赢的成长联盟，促进团队与合作伙伴共同成长。

应知应会：

- 信任是合作的基础，通过建立信任提高团队协作效率；
- 认识到积极关系的意义，通过良好的人际关系增强团队凝聚力；
- 思考如何与曾经的兄弟、现在的下属相处，通过有效沟通和激励建立影响；
- 了解和理解重要干系人，通过管理关键关系促进项目和团队成功；
- 运用信任阶梯建立信任，通过逐步积累信任建立稳固的合作关系。

可运用的支持工具：

- 信任阶梯。

【复盘巩固】

目标：通过对阶段性成果的复盘、学习收获的反思，迭代方法论，达成管理者卓有成效的成长认知。

应知应会：

- 所有的成长都是认知提升的过程，通过持续学习和实践不断提升管理能力；
- 持续行动和迭代，通过不断尝试和改进实现长期进步。

可运用的支持工具：

- 管理者成长的登山模型；

● 管理者成长锦囊。

## 三、3A 工具：从上任到胜任，提升认知

新晋管理者在从技术主管晋升为管理者的过程中，需要经历一系列角色转变和能力提升。这个过程不仅是职责和任务的变化，更是认知和思维方式的转变。每一个阶段的成功，都是通过自我觉察、行动实践和反思回顾这三个环节不断循环实现的。这三个环节帮助管理者逐步提升认知水平，从而更好地胜任新岗位的要求。

这就是3A认知发展过程：自我觉察（awareness）、行动实践（action）、反思回顾（assess）。

新晋管理者的转身教练职责，就是根据"领队计划"的目的和目标，与新晋管理者一起，沿着登山模型向上攀登。在每个阶段，教练通过唤起自我觉察、支持行动实践、促进反思回顾，帮助新晋管理者实现这个阶段的转身里程碑目标。

认知发展三步法

自我觉察：

自我觉察是管理者认识自己、了解自己在新角色中的定位和需求的关

键步骤。通过自我觉察，管理者能够发现自己的优势和不足，明确自己的目标和方向。自我觉察的过程包括对自身能力、情绪、动机和价值观的深刻理解。一个具备高自我觉察能力的管理者，能够清楚地认识到自己的优点和不足，并据此进行改进和提升。例如，通过反思自己在团队管理中的表现，可以发现自己在哪些方面需要进一步学习和提高，从而更有效地领导团队。

行动实践：

在自我觉察的基础上，管理者需要将认识转化为具体的行动。行动实践是检验和应用自我觉察结果的过程。在这一阶段，管理者需要通过实际的管理活动和任务，验证和调整自己的行为和策略，不断改进和提升自己的管理能力。行动实践不是简单的任务执行，而是一个动态的过程，要求管理者在实践中不断学习和调整。例如，在项目管理中，管理者可以通过实际的项目经验，发现自己在时间管理、资源分配等方面的不足，并据此进行改进。

反思回顾：

反思回顾是对行动实践结果的总结和反思。通过反思，管理者可以识别出实践中的成功和不足，从而不断调整和优化自己的管理方法。反思回顾帮助管理者在实践中不断学习和成长，提升自己的认知和管理水平。反思不仅是对过去工作的总结，也是对未来工作的指引。通过定期的反思和总结，管理者可以不断调整和优化自己的工作策略，确保在未来的工作中能够更加有效地达成目标。

结合登山模型的各阶段，看看3A的认知提升是如何发生的：

## 1. 大本营

目标：做好登山前的准备，为即将开启的"领队"角色做好心理准备。

自我觉察：理解组织的现状、外部环境、团队成员特点，明确新角色的期望和挑战。通过自我评估，了解自己在新角色中的优势和不足。在这一阶段，管理者需要花时间进行自我反省和评估，确定自己在新角色中的定位和目标。

行动实践：与上级和团队成员进行深入沟通，制订个人发展计划，参加培训和学习活动。通过实际的行动，验证和调整自己的认知和策略，确保在新角色中能够顺利过渡和适应。

反思回顾：总结沟通和学习的收获，评估自己的准备情况，调整个人发展计划。通过反思，管理者可以识别出自己在准备阶段的成功和不足，并据此进行改进和提升。

### 2. 攀登第一阶段【角色认知阶段】

目标：向上对齐新岗位的角色要求，清晰地认识自己在组织中的角色，并理解自己需要承担的责任和贡献。

自我觉察：通过角色认知对齐表和角色发展模型，明确新岗位的要求和自己的职责。在这一阶段，管理者需要深入了解新角色的要求和期望，并据此进行自我评估和调整。

行动实践：在实际工作中应用贡献思维，参与人才选拔和团队建设。通过实际的管理活动，验证和调整自己的认知和策略，确保在新角色中能够有效地履行职责。

反思回顾：评估自己在角色认知和人才选拔中的表现，调整和改进自己的管理方法。通过反思，管理者可以识别出自己在角色认知阶段的成功和不足，并据此进行改进和提升。

### 3. 攀登第二阶段【目标管理阶段】

目标：聚焦要事开展工作，为要事匹配黄金时间，实现目标感、清晰度和灵活度。

自我觉察：识别和分析自己的时间管理习惯，明确重要任务和优先级。在这一阶段，管理者需要深入了解自己的时间管理习惯和优先级，并据此进行自我评估和调整。

行动实践：运用时间管理工具，如时间管理自测表和4F时间复盘工具，优化时间分配和任务管理。通过实际的时间管理活动，验证和调整自己的时间管理策略，确保能够有效地达成目标。

反思回顾：回顾时间管理效果，评估目标达成情况，调整时间管理策略。通过反思，管理者可以识别出自己在时间管理阶段的成功和不足，并据此进行改进和提升。

### 4. 攀登第三阶段【团队管理阶段】

目标：理解用人所长的价值，识别长处并运用长处提升工作效率，打造有战斗力的团队。

自我觉察：评估团队成员的长处和潜力，了解团队的整体能力和结构。在这一阶段，管理者需要深入了解团队成员的长处和潜力，并据此进行自我评估和调整。

行动实践：运用识别长处的"好想快乐"、3R绩效沟通等工具，提升团队成员的工作表现和合作效率。通过实际的团队管理活动，验证和调整自己的管理策略，确保团队能够高效运作。

反思回顾：总结团队管理中的经验和教训，评估团队绩效，优化用人策略。通过反思，管理者可以识别出自己在团队管理阶段的成功和不足，并据此进行改进和提升。

### 5. 攀登第四阶段【积极关系阶段】

目标：建立良好的人际关系，通过有效沟通和合作，提升团队的凝聚力和工作效率。

自我觉察：认识到信任是合作的基础，评估自己在团队中的信任度和人际关系。在这一阶段，管理者需要深入了解自己在团队中的信任度和人际关系，并据此进行自我评估和调整。

行动实践：应用信任阶梯模型，建立和维护积极的人际关系，增强团队合作和信任。通过实际的人际关系管理活动，验证和调整自己的沟通和合作策略，确保团队的凝聚力和工作效率。

反思回顾：回顾人际关系建设中的成效，评估团队凝聚力和工作效率，调整沟通和合作策略。通过反思，管理者可以识别出自己在人际关系阶段的成功和不足，并据此进行改进和提升。

### 6. 巩固反思

目标：通过对阶段性成果的复盘和学习收获的反思，迭代方法论，提升管理者的认知和成长效果。

自我觉察：持续反思各阶段的经验和教训，识别自身的成长和需要改进的方面。在这一阶段，管理者需要定期进行自我评估和反思，识别自己的成功和不足，并据此进行改进和提升。

行动实践：根据反思结果，调整和优化管理策略，继续应用和验证新的管理方法。通过实际的管理活动，验证和调整自己的管理策略，确保能够有效地达成目标。

反思回顾：定期进行全面的总结和评估，持续改进和提升自己的管理能力和认知水平。通过定期的反思和总结，管理者可以不断调整和优化自己的工作策略，确保在未来的工作中能够更加有效地达成目标。

综上，通过自我觉察、行动实践和反思回顾这三个环节的不断循环，管理教练支持新晋管理者逐步提升自己的认知水平和管理能力，从而更好地胜任新岗位的要求，实现个人和团队的共同成长。

每一个阶段的成功，都需要管理者不断进行自我觉察，了解自己的优势和不足；通过行动实践，将认知转化为具体的管理行动；通过反思回顾，总结经验和教训，不断改进和提升自己的管理水平。这样，管理者才能在新的岗位上不断成长，最终成为一个优秀的领导者。

# 结　语

本年度的"领队计划"告一段落,通过教练、新晋管理者、上级、人力资源等的共同努力,共同推动了新晋管理者从上任到胜任的转身过程,并且在这个过程中,A公司管理者转身的工作积累了经验,沉淀了知识和方法论。

"领队计划"不仅是一个人才发展项目,更是基于未来业务发展,帮助处于行业领先地位的公司进行组织建设上的变革。在这个变革过程中,各方的通力合作非常重要,需要有变革成长的决心、面对改变的勇气、科学合理的方法论工具以及包容与耐心。

在新能源汽车这个行业中,公司必须要持续培养和发展专业技术人才以及管理人才,才能够不断推动公司的发展、行业的进步以及社会的进步。作为这项重要工作的实践者和见证者,辛经理、寇奇、高上斯和任姿这几方的合作,共同推进了新晋管理者的转身过程。这个过程依靠一个综合性团队的努力,涉及不同角色的协作与支持。

辛经理作为转身的主角,承担着顺利转身的主要责任。同时,通过与寇奇、高上斯和人力资源的合作,获得了支持和指导,实现自身的角色转变,推动职业发展。

寇奇在这个过程中扮演着重要的角色,他通过教练的方式,引导辛经理认识到角色转变的重要性,并提供了针对性的辅导和建议。寇奇与辛经理合作,帮助他理清转身的方向和目标,指导他制订合适的行动计划,并不断地鼓励和支持他在转身过程中的成长和进步。整个"领队计划"转身的过程,就是寇奇支持着辛经理,沿着登山模型逐步前行的过程。在每个阶段，寇奇支持辛经理做到：自我觉察、行动实践、反思回顾。通过这个闭环，加强了"成长三要素"的"及时反馈"部分。同时，整个陪伴的过程，也是寇奇和辛经理沿着四个信任阶梯"放心、轻松、有效、进步"拾级而上的过程。因为成长和改变的发生，是需要信任来浇灌的！

高上斯作为辛经理的上级，对于他的转身过程给予了重要的支持和指导。高上斯认识到辛经理的潜力和发展空间，因此积极地与他沟通交流，为他提供了必要的资源和机会，以使他更好地适应新的角色和责任。人力资源部门在这个过程中起到了协调和支持的作用，他们与辛经理、寇奇和高上斯紧密合作，提供了必要的人力资源支持和组织发展的相关政策指导。人力资源部门还可能组织相关的培训活动或资源，以帮助辛经理更好地适应新的角色和环境。总体而言，辛经理、寇奇、高上斯和人力资源的合作是推动新晋管理者转身的关键因素。他们各自发挥着不同的作用，共同努力，为辛经理的角色转变提供了必要的支持和保障。这种多方合作的模式，有助于确保辛经理顺利完成转身过程，实现个人职业发展的目标。

反馈！反思！

新晋管理者的转身教练职责，就是根据"领队计划"的目的和目标，与新晋管理者一起，沿着登山模型向上攀登，并且在每个阶段都通过唤起自我觉察、支持行动实践、促进反思回顾，帮助新晋管理者实现这个阶段的转身里程碑目标。

这个过程被称为3A认知发展过程，包括自我觉察、行动实践、反思回顾。

自我觉察是第一步，管理者通过深刻的自我反省，认识到自身在新角色中的优点与不足，明确自己的定位和目标。在大本营阶段，管理者通过自我评估，理解组织的现状、外部环境、团队成员特点，以及新角色的挑战和期望。这一阶段的目标是做好登山前的准备，为即将开启的"领队"角色做好心理准备，明确新晋管理者"从上任到胜任"转身成功的四个标准，并养成四个重要的管理习惯。

　　行动实践是将自我觉察转化为实际行动的过程。管理者需要将认识到的优势和不足通过具体的管理活动和任务来验证和调整。在角色认知阶段，管理者需要实际参与人才选拔和团队建设，通过实际的管理活动，应用和验证贡献思维，确保在新角色中能够有效履行职责。行动实践的目标是向上对齐新岗位的角色要求，清晰地认识自己在组织中的角色，并理解自己需要承担的责任和贡献。

　　反思回顾是对行动实践结果的总结和反思。通过反思，管理者识别出实践中的成功和不足，从而不断调整和优化自己的管理方法。在目标管理阶段，管理者需要回顾时间管理效果，评估目标达成情况，调整时间管理策略，确保团队始终聚焦目标，实现最大化的时间价值。反思回顾的目标是通过阶段性的成果复盘、学习收获的反思，迭代方法论，达成管理者卓越成效的成长认知。

　　"领队计划"的成功实践不仅为A公司培养了新一代的管理人才，也为公司的未来发展奠定了坚实的基础。通过这种多方合作的模式，公司不仅能够提升管理者的能力和素质，还能够推动整个组织的发展和进步。在新能源汽车行业中，公司将继续致力于培养和发展专业技术人才和管理人才，推动行业的进步和社会的繁荣。这个过程不仅是对个人职业发展的巨大支持，更是对整个社会发展的重要贡献。

# 附录 1　ICF 新八项教练核心能力

## A. 设定基础

### 01 展现道德准则

定义：理解并始终如一地应用教练道德和教练标准。

（1）在与客户、赞助方和利益相关方的互动中呈现出个人正直和诚实的品质。

（2）对客户的身份、环境、经验、价值观和信念保持敏感度。

（3）言辞恰当，对客户、赞助方和利益相关方表示尊重。

（4）遵循ICF行为准则，不轻易改变核心价值观。

（5）依据利益相关方协议和相关法律，对客户信息予以保密。

（6）教练应区别于咨询师、心理治疗师以及其他支持性职业师。

（7）必要时将客户介绍给其他支持性职业人士。

### 02 体现教练思维

定义：培养并保持一种开放、好奇、灵活并以客户为中心的心态。

（1）认可客户要对自己的选择负责。

（2）作为教练，培养持续学习和发展的能力。

（3）进行持续的反思实践，以提高教练能力。

（4）意识到环境和文化对自己和他人的影响，并对此持开放态度。

（5）运用自我意识和直觉使客户受益。

（6）发展并保持调节情绪的能力。

（7）在理智和情感上为教练约谈做好准备。

（8）必要时寻求外部资源的帮助。

## B. 创建合作关系

### 03 建立和维持合约

定义：与客户和利益相关方建立伙伴关系，针对教练关系、过程、计划和目标达成明确的合约，为整体的教练互动关系建立教练合约，以及对每次教练环节建立教练合约。

（1）解释教练是什么、不是什么，并对客户和利益相关方描述流程。

（2）就教练关系中合适及不合适的方面，提供及不提供的服务，以及客户和利益相关方的责任达成协议。

（3）就教练关系中的准则和具体细节，如物流、费用、日程安排、时长、终止、保密及其他达成协议。

（4）与客户和利益相关方建立伙伴关系，制订总体教练计划和目标。

（5）与客户合作，确定客户与教练的匹配性。

（6）与客户合作，确定或重新确认他们在对话中想要实现的目标。

（7）与客户合作，确定客户需要涉及或解决的问题，以实现他们在教练互动和一对一对话中想要完成的目标。

（8）与客户合作，定义或重新定义客户在整个或单独教练约谈后，想要实现的成果的衡量标准。

（9）与客户合作，管理时间和约谈的聚焦点。

（10）继续按照客户期望的结果进行教练，除非客户另有说明。

（11）与客户保持伙伴关系，以尊重体验的方式结束教练关系。

### 04 培养信任和安全

定义：与客户合作，创造一个安全、给予支持的环境，使客户能够自由分享，保持相互尊重和信任的关系。

（1）了解客户的背景，包括他们的身份、环境、经历、价值观和信念。

（2）展示出对客户的身份、观念、风格和语言的尊重，并调整自己的教练方式适应客户。

（3）在教练过程中认可并尊重客户独特的才能、洞察力和努力。

（4）展现出对客户的支持、同理心和关心。

（5）认可并支持客户表达感情、观点、担忧、信念和建议。

（6）以开放和透明的方式展现自己，与客户建立信任。

### 05 保持教练状态

定义：充分意识并与客户同在，采取开放、灵活、脚踏实地和自信的风格。

（1）对客户保持专注、观察、同理和回应的状态。

（2）在教练过程中展示好奇。

（3）管理好自己的情绪，与客户同在。

（4）在教练过程中，展示与客户合作的信心。

（5）与"不知"自在共处。

（6）创建并留出沉默、暂停或思考的空间。

## C. 有效沟通

### 06 积极聆听

定义：专注于客户表达和未表达的部分，在其系统语境充分理解客户，并支持客户的自我表达。

（1）了解客户的背景、身份、环境、经验、价值观和信念，以增强对客户所交流内容的理解。

（2）反馈或总结客户交流的内容，以确保清晰和准确理解。

（3）认识并询问客户是否需要更多交流。

（4）注意、认可并探索客户的情感、非言语暗示或其他行为。

（5）将客户用词、语音语调和身体语言整合在一起，以确定其传递内容的全部含义。

（6）注意客户在系列对话中的行为和情绪的走向，以辨别主题和模式。

### 07 引发觉察

定义：通过使用诸如强有力的发问、沉默、隐喻或类比等工具和技巧，促进客户的洞察和学习。

（1）在决定什么最有用时，尊重客户体验。

（2）挑战客户，唤起客户某种意识或洞察力。

（3）问客户关于他们的思维方式、价值观、需要和信念等方面的问题。

（4）问客户有助于超越其当前思维的问题。

（5）邀请客户更多地分享他们当下的感受。

（6）留意有助于提升客户的方式。

（7）根据客户的需求调整教练方式。

（8）帮助客户找出影响当前和未来行为模式、思维或情感的因素。

（9）帮助客户产生如何前进，以及愿意做什么的想法。

（10）支持客户重构观点。

（11）与客户分享观察、洞见和感受，这些都有助于让客户开始新的学习。

## D.　促进学习和成长

### 08 促进客户成长

定义：与客户合作，将学习和洞察转化为行动。在教练过程中促进客户的自主性。

（1）与客户一起将新的认识、洞察或学习融入他们的世界观和行为中。

（2）与客户合作设计目标、行动和问责措施，以整合和扩展新的学习。

（3）认可和支持客户自主设计目标、行动和问责方法。

（4）支持客户识别潜在成果，或从已确定的行为方案中学习。

（5）邀请客户考虑如何向前迈进，包括资源、支持和潜在障碍方面。

（6）与客户一起总结约谈中或约谈之间的学习感受和洞察。

（7）庆祝客户的进步和成功。

（8）与客户合作，结束约谈。

# 附录 2　教练常用提问

| 分类 | 提问示例 |
|---|---|
| 自我认知 | 1.你认为自己目前的角色与以前有什么不同 |
| | 2.你有哪些核心优势可以帮助你在新角色中取得成功 |
| | 3.你感到最大的挑战是什么 |
| | 4.你对自己在新角色中的期望是什么 |
| | 5.你认为自己需要在哪些方面提升能力以适应新角色 |
| | 6.你对这个新角色的最初感受是什么 |
| 目标设定 | 1.你希望在这个新角色中达成哪些具体目标 |
| | 2.这些目标如何与公司的整体战略一致 |
| | 3.你如何衡量这些目标的进展和成功 |
| | 4.你有哪些短期目标和长期目标 |
| | 5.哪些关键绩效指标（KPI）对你来说最重要 |
| | 6.你如何确保目标具有挑战性但又是可实现的 |
| 资源评估 | 1.你需要哪些资源和支持来实现你的目标 |
| | 2.你目前的资源和支持是否足够？有哪些不足 |
| | 3.你如何利用现有资源最大化你的效能 |
| | 4.你认为公司可以为你提供哪些额外支持 |
| | 5.你可以从哪些同事或团队中获得帮助 |
| | 6.你需要哪些培训或发展机会来提升你的能力 |
| 行动计划 | 1.你打算采取哪些具体步骤来实现你的目标 |
| | 2.每个步骤的时间表是怎样的 |
| | 3.如果遇到障碍，你有什么应对策略 |
| | 4.你如何分配时间和精力来处理各项任务 |
| | 5.你如何确保每个步骤的执行质量 |
| | 6.你如何保持灵活性以适应可能的变化 |

| 分类 | 提问示例 |
|------|----------|
| 持续改进 | 1.你如何定期评估自己的进展和效果 |
| | 2.你如何确保自己不断学习和改进 |
| | 3.你是否有导师或同行可以帮助你反思和进步 |
| | 4.你如何从反馈中吸取教训并做出调整 |
| | 5.你如何制订个人发展计划以支持你的职业目标 |
| | 6 你如何跟踪和记录自己的成长和成就 |

# 附录 3　管理者教练的选择条件及合约条款

## 一、选择条件

在选择外部管理教练时，组织通常会考虑以下条件和因素：

### 1．专业背景与资格

● 教育背景：管理学、心理学、领导力等相关领域的学历或专业培训证书。

● 认证：是否持有知名教练认证机构，如国际教练联合会（ICF）、欧洲导师与教练协会（EMCC）等的认证证书。

● 工作经验：企业服务经验。

● 教练经验：是否有丰富的管理教练经验，尤其是与企业需求匹配的行业或职能领域的经验。

● 实际管理经验：是否有实际的企业管理经验，能够理解客户的实际挑战和需求。

### 2．技能与方法

● 沟通能力：能够清晰、有效地传达信息，并倾听和理解客户的需求。

● 评估与反馈：能够进行客观的评估，并提供建设性的反馈。

● 问题解决：拥有解决复杂问题和挑战的技能，能够提供实用的解决方案。

● 个性化定制：能够根据客户的具体需求和背景，提供个性化的教练方案。

### 3. 信誉与口碑

● 推荐信和案例：是否有来自其他客户的推荐信或成功案例，可以证明其专业能力和效果。

● 口碑与声誉：在行业内的声誉和口碑如何，是否有良好的职业操守和职业道德。

### 4. 文化契合度

● 文化理解：是否理解和尊重客户的企业文化和价值观。

● 沟通风格：教练的沟通风格是否与客户的企业文化和团队风格相契合。

### 5. 服务模式与灵活性

● 服务模式：提供的是一对一教练、团队教练还是混合模式，能否根据需求进行调整。

● 灵活性：是否能够灵活安排时间和地点，满足客户的时间和地点要求。

### 6. 价格与价值

● 价格：教练服务的收费标准是否在组织的预算范围内。

● 价值：预期的投入产出比，教练的服务能否带来实际的业务价值和管理改进。

通过综合考虑以上因素，组织可以更好地选择适合的外部管理教练，以满足业务发展的需求。

## 二、主要条款

管理者教练与公司签订的教练协议通常包括以下主要条款：

### 1. 协议双方

明确协议双方的名称和身份，即教练（个人或公司）与客户公司。

### 2．服务范围

详细描述教练服务的内容和范围，包括目标、方法和预期结果，包括但不限于个人和团队教练、技能提升、领导力发展等。

### 3．服务期限

明确教练服务的开始日期和结束日期。规定服务的频率和每次教练会议的时长。

### 4．费用及支付条款

详细列出教练服务的费用结构，包括总费用、每次会议的费用或按小时计算的费用。规定支付的方式和时间，如预付款、分期付款等，可能包括退费条款和额外费用（如差旅费、材料费等）。

### 5．保密条款

明确教练与被教练者之间的保密协议，保护双方的隐私和信息安全。规定哪些信息属于保密信息，如何处理和保护这些信息。

### 6．双方的责任和义务

规定教练的责任，如提供专业的教练服务、遵守职业道德和标准等。规定公司和被教练者的责任，如按时出席教练会议、积极参与和配合教练工作等。

### 7．评估与反馈

规定如何评估教练服务的效果和进展，如定期反馈、提交评估报告等，可能包括期中评估和期末评估。

### 8．终止条款

规定协议终止的条件和程序，包括提前通知的期限。明确在何种情况下双方可以终止协议，如违约、服务效果不佳等。

### 9. 纠纷解决

规定纠纷解决的方式，如协商解决、仲裁或诉讼，可能包括选择适用的法律和管辖地。

### 10. 不可抗力

规定在不可抗力事件（如自然灾害、战争、法律变更等）发生时，协议双方的责任和权利。

### 11. 修改与补充

规定协议的修改和补充条款，明确双方同意的修改程序和生效方式。

### 12. 其他条款

其他双方认为必要的条款，如知识产权条款、独立承包商条款等。这些条款旨在确保教练服务的顺利进行，保护双方的权益，并为可能出现的纠纷提供解决方案。